U0628758

新时代乡村文化振兴及实践路径研究

刘自身◎著

北京燕山出版社

图书在版编目（CIP）数据

新时代乡村文化振兴及实践路径研究 / 刘自身著
. -- 北京：北京燕山出版社 , 2023.8
ISBN 978-7-5402-7082-7

Ⅰ . ①新… Ⅱ . ①刘… Ⅲ . ①农村文化—文化事业—
建设—研究—中国 Ⅳ . ① G127

中国国家版本馆 CIP 数据核字（2023）第 201316 号

新时代乡村文化振兴及实践路径研究

著者：刘自身
责任编辑：战文婧
封面设计：沈莹
出版发行：北京燕山出版社有限公司
社址：北京市西城区椿树街道琉璃厂西街 20 号
邮编：100052
电话：86-10-65240430（总编室）
印刷：天津和萱印刷有限公司
成品尺寸：170 mm × 240 mm
字数：170 千字
印张：9.5
版别：2024 年 5 月第 1 版
印次：2024 年 5 月第 1 次印刷
ISBN：978-7-5402-7082-7
定价：58.00 元

作者简介

刘自身　男，汉族，山东郓城人，1990年4月出生，硕士研究生学历，现任中共毕节市委党校党史党建教研室讲师，主要研究方向：乡村振兴与党史党建理论研究。近年来主要讲授社会主义发展史等课程，在《国家林业和草原局管理干部学院学报》《贵州社会主义学院学报》《新乡学院学报》等学术刊物上公开发表论文6篇，先后主持参与贵州省委党校课题、贵州省社会主义学院课题等多项科研项目。

前　言

文化振兴是乡村振兴的题中应有之义，为实施乡村振兴战略提供了深厚的文化基础和持久的精神动力。本书是在乡村振兴战略大背景下，结合理论和现实两个层面对乡村文化振兴的实践路径等若干问题进行了思考，相对系统全面地介绍了乡村文化振兴的研究现状、时代背景与基本内涵，分析了乡村文化振兴与乡村振兴的逻辑关系，阐述了我国农村文化建设的基本情况，提出坚持正确价值导向、复兴乡村传统文化、健全乡村公共文化服务体系、加强乡风文明建设、注重文化元素融入、汇聚多种力量等具体措施，探索乡村文化振兴的实践路径，为读者深入了解乡村文化振兴提供思路和方法。

第一章"乡村文化振兴研究述评"，主要介绍了乡村文化振兴的国内外研究现状，并通过综合分析，指出当前研究领域关于乡村文化振兴研究的局限性，并提出乡村文化振兴未来的研究方向。

第二章"乡村文化振兴概述"，主要从乡村文化的内涵与特征、乡村文化振兴的时代背景、乡村文化振兴的内涵以及乡村文化振兴的目标这几个方面对乡村文化振兴的内容进行宏观认识与把握。

第三章"乡村文化振兴与乡村振兴的逻辑理路"，侧重于探讨乡村文化振兴与乡村振兴二者之间的关系。乡村文化振兴是乡村振兴的重要内容之一，对于引领和助力乡村振兴具有重要作用。

第四章"我国农村文化建设的现状与对策"，主要从内涵、基本原则和重大意义三个层面对农村文化建设进行概述。另外，结合当前我国社会主义新农村文化建设取得的成就和存在的问题，剖析存在问题的原因，并提出加强和改进我国农村文化建设的对策。

第五章"坚持正确价值导向，引领乡村文化振兴"，重点从社会主义核心价值观层面，探讨其对文化振兴的意义；从活动、文化、管理、网络、物质五个视角分析社会主义核心价值观的培育载体；探索社会主义核心价值观融入新农村建设的根本路径。

第六章"复兴乡村传统文化，助力乡村文化振兴"，从乡村传统文化的内涵与典型代表两方面对乡村传统文化进行界定；探索乡村传统文化在乡村文化振兴中的价值。把握乡村传统文化在实际生活中存在的传统与现实、供给与需求、本土文化与现代文化、硬指标与软任务这四对基本矛盾，提出复兴乡村传统文化的路径。

第七章"健全乡村公共文化服务体系，服务乡村文化振兴"，主要介绍了乡村公共文化的内涵以及乡村公共文化公益性、公平性和多样性的特点；分析乡村公共文化服务体系建设在实践中面临的挑战；基于乡村公共文化服务体系建设的基本要求，指出健全乡村公共文化服务体系的路径。

第八章"加强乡风文明建设，保障乡村文化振兴"，乡村振兴，乡风文明是保障。本章重点介绍了乡风文明与乡村振兴战略总要求的内在联系、乡风文明的内涵及乡风文明在乡村振兴中的作用；结合当前我国乡风文明建设现状，提出加强乡风文明建设的对策建议。

第九章"注重文化元素融入，推动乡村文化振兴"。本章基于农村建设存在"千村一面"，缺乏特色和乡土风情的现实情况，提出乡村文化元素融入乡村规划、景观设计以及村庄建设的具体方法。

第十章"汇聚多种力量，促进乡村文化振兴"，主要从物质和精神层面出发，引导全社会主体力量共同参与、坚持"五位一体"协同推进、凝聚乡村振兴的强大精神力量，强力推进乡村文化振兴。

在撰写本书的过程中，作者得到了许多专家学者的帮助和指导，参考了大量的学术文献，在此表示真诚的感谢。本书内容系统全面，论述条理清晰、深入浅出，但由于作者水平有限，书中难免会有疏漏之处，希望广大同行及时指正。

作者

2023 年 5 月

目 录

第一章
乡村文化振兴研究述评

　　文化为推动国民经济发展、促进社会和谐稳定提供了重要的精神动力。党的十七届六中全会通过《中共中央关于深化文化体制改革推动社会主义文化大发展大繁荣若干重大问题的决定》，自此，国家从战略层面开始正式关注文化改革与发展问题，各地也按照中央文件精神开展起了文化建设。贫瘠的文化会制约经济的高速增长，进而影响现代化发展的进程。实现农村文化大发展、大繁荣，必须深入推进农村文化建设，加强农村精神文明建设，健全农村公共文化服务体系，焕发乡风文明新气象，全面推进乡村文化振兴，打造宜居宜业和美乡村。①

　　乡村文化振兴涉及思想道德建设、传统文化传承、公共文化服务、乡风文明建设等多个层面。学术界针对乡村文化振兴这一课题成果颇丰，既有关于解释农村文化存在机理的实证研究，又有阐释农村文化振兴发展的规范研究。本章主要从多个视角梳理新时期乡村文化振兴的研究现状，分析目前相关研究存在的局限性，进而提出今后乡村文化振兴的新的研究方向。

---

① 本书编写组. 《中共中央关于深化文化体制改革推动社会主义文化大发展大繁荣若干重大问题的决定》辅导读本 [M]. 北京：人民出版社，2011.

第一节　乡村文化振兴研究现状

一、关于乡村文化建设的研究

学者主要对乡村文化建设的内涵、存在问题及应对策略进行了较为系统的研究。关于农村文化的内涵，学术界对其界定还不统一。从狭义上理解，农村文化是以村镇为依托，受当地的地理环境、社会经济条件和民族分布等因素影响而形成的各具特色的文化模式。从广义上界定，农村文化与农民的生产生活相适应，可以为农村提供秩序规范，对农民进行道德约束，是一种集内在文化元素与外在文化元素于一体的乡村文化形态。这里的内在文化元素包含价值观、文化认知等元素，外在文化元素则包含了交往和生产、生活方式等元素。从综合视角来看，农村文化包含物质、组织、精神等多层次的内容，是农村文化设施、农村文化组织、农村文化人才、农村文化体制以及农村文化活动等方面的集合。乡村文化振兴对于传承和弘扬中华优秀传统文化、传播与交流农村先进科学技术与文化具有重要价值和意义，有利于满足广大农民群众多层次、多方面的精神文化需求，促进农村经济发展和社会进步、全面实现现代化目标。

（一）保护与利用乡村文化

加强乡村文化建设，能够为新农村建设提供重要精神动力、促进农村经济发展、社会进步和民族团结，助力乡村振兴。改革开放以来，乡村文化建设在中国共产党的领导下，取得了丰硕成果和宝贵经验。坚持先进文化的发展方向，深化乡村文化体制机制改革，强化党对乡村文化建设的统一领导，突出文化的社会效益，注重乡村传统文化与现代文化的融合。深入挖掘乡村文化潜力，保护和利用乡村文化，在继承和弘扬乡村优秀传统文化的基础上，吸收现代文明成果，留住乡土风貌，守住乡土味道。

当前乡村文化建设存在以下几方面问题：一是公共文化服务水平较低，文化产业发展较弱；二是乡村文化建设经费投入不足，组织机制不健全不完善，文化建设监管不到位；三是乡村文化建设的主体缺失，农民的参与度不够；四是文化资源开发不合理，没有挖掘文化的深层次内涵；五是文化建设人才队伍素质和能力有待提高；六是农民的文化需求表达不明确，乡村文化认同度不强。

如何进一步保护与利用乡村文化，学者们仁者见仁，智者见智，从不同层面提出了对策建议。一是发挥思想引领作用，用马克思主义文化建设理论、习近平总书记关于乡村文化建设的相关论述引领乡村文化建设，积极培育和践行社会主义核心价值观，传承中华优秀传统文化。二是培育优良家风，用优良家风帮助农民形成感性认识、提升情感体验、增强意志力，形成文化自觉。三是加强村民教育，提升农民的思想道德水平，转变村民落后传统的观念，培养新时代农民，提高农民文化自觉意识。四是从文化价值、文化保障、文化管理、文化发展等方面协调推进乡村文化系统建设。设立科学的农村文化发展目标，制定农村文化遗产保护和利用的相关制度，建立健全农村传统文化传承保护体系，大力弘扬农村优秀文化传统、发展农村特色文化，加大对农村文化遗产及历史文化深厚的村落村庄的保护和修缮力度，对其展开整体、动态和原真的全方位保护策略，保障农村经济、社会、文化等各项事业的协调发展。五是将政府"自上而下"的主导性与农民"自下而上"的主体性结合起来，坚持"政府主导、农民主体"的工作方针，构建乡村文化建设的长效机制。六是创新文化传播方式，结合地方特色，运用乡村文化站、文化书屋等载体，通过送文化下乡、发展旅游文化、打造体育文化等方式加强乡村文化建设。

（二）健全农村公共文化服务体系

农村公共文化服务体系是现代公共文化服务体系的重要内容之一，通过健全农村公共文化服务体系能有效保障农民基本文化权益、满足农民基本文化需求、重建农村公共秩序、丰富农民的物质生活和精神生活、缓解文化认同危机。农村公共文化服务体系的内容包括供给体系、考评体系、保障体系等多个方面，具有文化性、公共性、便利性、多样性、基本性和均等性的特点。农村公共文化服务主要提供公共文化产品及相关服务，是一种非营利性质的活动，不是由市场配置资源，需要政府主导。因此，政府是农村公共文化服务体系建设的核心。

目前，农村公共文化服务体系建设存在一些问题，具体体现在：一是农民的精神文化需求与政府提供的公共文化服务供给之间的矛盾较为突出，农民参与公共文化服务的程度较低；二是城乡经济结构不同，城乡公共文化服务发展也不均衡，农村公共文化基础设施及公共文化发展不平衡不充分，难以满足农民日益增长的文化生活需要；三是农村公共文化服务效果不明显，资源利用率不高，很多公共文化资源形同摆设，开发程度较低；四是农村公共文化服务机构和功能不健全，农村公共文化基础建设滞后，管理人员不专业、文化服务队伍力量不强、专业文化人才队伍不稳定，资金投入不足等因素导致公共文化服务水平较低；五是农村公共文化服务内容同质化较为严重，缺乏特色与创新。

学者们从不同层面提出了健全公共文化服务体系的对策，主要有以下几个方面。一是从公共文化服务的对象——农民入手，发挥农民主人翁地位，调动农民参与农村文化建设的积极性和主动性，激发其内生动力。二是通过供给侧结构性改革，进一步提高农村公共文化的供给质量，提升农村公共文化服务的能力、调整服务结构。三是凝聚新乡贤和社会资本等力量投入到农村公共文化服务建设中，激活农村公共文化资源，建立高水平公共文化服务人才队伍，畅通农民需求表达机制，引导农民自觉投身文化建设。四是加强农村公共文化服务建设牵头部门与其他部门的合作，加大经费担保，加强组织协调，提高农村公共文化服务实效。

二、关于乡村文化产业的研究

我国对农村文化产业的研究最早在改革开放初期，起步较晚。国内大多数学者将研究重心放在城市文化上，农村文化产业的研究较少，研究成果有限。

（一）乡村文化产业存在的困境

在不同地区，农村在经济、社会、文化等方面的发展程度是不同的，乡村文化产业具有经济和文化双重属性，不仅具有商品的属性，而且具有文化的特点，呈现出区域性、脆弱性、成长性、发展递进性和结构演进性。有学者认为，西部地区文化资源丰富，具有民族性和多样性的特点，因此，发展西部地区乡村文化，要树立大文化理念，充分发挥文化资源优势，将文化资源优势转化为经济优势和产业优势，带动西部地区农村经济发展。而东部地区的民俗文化资源丰富，要以乡村民俗文化资源为基础，发展民俗文化产业。

研究指出，在我国，乡村文化产业存在诸多困境：乡村文化产业缺乏保护和开发，产业发展规模较小；乡村文化产业体制机制不健全，文化产业发展观念滞后，缺乏专业人才队伍，文化创新和传承力较差；乡村文化产业和经济发展动力不足，文化产业和经济发展缺乏规划，发展不均衡，整合力度不够；乡村文化产业投资融资不足、产业链较短、产品竞争力不强等。

（二）乡村文化产业发展的对策建议

关于乡村文化产业发展的对策，不同学者提出了相应对策：一是建立乡村优秀传统文化的传承与保护机制，通过人力资源建设、准入制度、财税政策、融资渠道建设等方式，推进乡村文化体制改革与创新。二是推动乡村文化产业和体验经济融合发展，加强乡村文化体验主体和体验环境的建设。三是积极挖掘乡村文化的内涵，提炼乡村文化产业发展的关键要素，满足农民精神文化需求，探索乡村文化产业发展的新模式，深入开发乡村文化资源，将资源优势转化为发展优势，促进乡村特色文化产业集群发展。

三、关于乡风文明建设的研究

乡风文明是乡村振兴战略的重要组成部分，也是乡村振兴的重要保障。乡风文明是一定时期内社会对乡风的普遍要求，是农村社会精神面貌的总体体现。具体表现在农民的思想观念、道德行为、生活方式和社会风俗等多个层面，具有民族多样性、历史传承性和与时俱进性。乡风文明建设中呈现出的乡贤文化、村规民约、家风家训等都是实现文化振兴的重要载体，是实现乡村振兴的重要举措。加强乡风文明建设有利于提升农民思想道德素质，培育良好社会风气；有利于丰富农民精神生活，激活内生发展动力；有利于营造优良人文环境，奠定乡村治理社会基础。

目前有关乡风文明建设的研究主要围绕存在的问题和对策两方面。

（一）乡风文明建设存在的问题

归纳目前已有研究可知，当前乡风文明建设存在以下突出问题：一是乡村文化存在供需失衡问题，乡村公共文化基础设施不健全，存在不良风气。二是在乡风文明建设过程中政府主导与农民主体的关系难以协调，政府的对应措施缺乏。三是部分农民思想认识水平不够高，农民的娱乐方式较单调，思想文化的宣传力度不够。四是不合时宜的婚丧嫁娶观念、从众攀比心理等影响农村社会风气。五是乡村"以文化人"方式存在短板。六是部分基层组织涣散，支部"虚化"、队伍"软化"、经济"弱化"、管理"简化"、精神"沙化"等问题不同程度存在。这些都反映了加强乡风文明建设的必要性和紧迫性。

（二）乡风文明建设需多方发力

加强乡风文明建设，不同学者提出了相应对策：一是将优秀传统文化、社会主义先进文化、红色文化等优秀文化融入乡风文明建设，充分发挥基层组织的带动引领作用，激发农民的主体性、创造性和积极性，推动乡风文明建设。二是强化乡风文明制度建设，增强农民的道德认同、制度认同和情感认同。三是激发乡风文明建设的内源动力，通过夯实物质基础、优化主体结构和筑牢人文支撑来推进乡风文明建设。四是加强家风建设。家规家训是我国传统文化的重要组成部分，在历史上起到了提升个人修养、规范家庭伦理、稳定社会秩序的作用，在乡风文明建设中，可以利用家规家训的功能，增强农民的认同感和责任心，从而减少建设的社会成本。五是加强乡土文化教育。乡土文化教育是乡风文明的发展根基，应建立健全乡土文化教育体系，培养乡土文化人才，促进青少年对乡土文化的认知，激发乡土文化认同和热爱家乡的情感，以提升乡村文明程度。六是加强乡村制度和法治建设、完善公共文化设施、社会主义核心价值观引导、移风易俗、党建引领、人才队伍建设等，"多方合力"推进乡风文明体系建设。

第二节　乡村文化振兴研究的局限性

通过分析我国乡村文化振兴的研究现状，可以看出，国内学者对乡村文化振兴问题，有的从全国角度，有的从地区角度，主要从乡村文化建设、乡村文化传承、乡村文化产业、乡风文明建设等多个层面展开了较多的理论与实践研究。研究的较为全面，其研究成果对于推进乡村文化建设具有重要的理论和现实指导意义。另外，许多研究分析都是建立在实地调查研究的基础上，增加了结论的可信度，为深入研究奠定了基础。

但是，从文献梳理中也能够发现，乡村文化振兴问题的研究还存在以下方面的局限性：首先是从研究方法看，多采用定性分析方法，缺乏定量的实证分析，基于调研数据作出的研究结论少。其次是从研究内容看，大多数的研究主要是针对当前农村、农民的现实问题展开的理论和现实层面的研究，相关的研究理论还有待进一步深入，理论研究成果还不够系统、不够全面。对乡村文化的发展沿革与演变缺乏系统深入分析，对乡村文化发展的绩效还缺乏评价，对国外乡村文化问题的借鉴研究也较少。再次是从研究前瞻性看，相关研究成果在推动农村文化振兴中仍存在不能完全与农村发展实际相契合的现实困境，没有紧密结合国家全面推动乡村振兴战略、推动农村一、二、三产业融合发展的背景，也没有对未来乡村文化发展趋势给出必要的预测。最后是从学科研究的交叉融合看，就文化视角谈乡村文化发展的比较多，缺乏从乡村文化与社会治理和产业发展等方面关系开展的相关研究。

第三节　乡村文化振兴未来的研究方向

乡村文化振兴的研究是时代课题，针对乡村文化振兴研究的局限性，在今后的研究方向上，可以从以下几个方面深入。

一、乡村文化发展研究

在全面实施乡村振兴战略的背景下，要继续研究传统文化和风俗如何转化为生产力、产生实际效益。如何充分发挥农村文化对农业生产的促进作用，带动农业生产发展，提升农业生产力水平。另外，农村文化产品一方面由政府部门提供，另一方面由民间组织或者是社会组织提供，如何平衡农村文化产品的供给与农民的需求，做好二者的有效对接？政府在乡村文化建设方面取得了哪些成效，农民的满足感是否得到满足？如何进一步改善政府工作机制，研究建立农村文化建设的绩效评估机制，将农村文化建设纳入政绩考核指标体系提供决策参考。另外，注重将乡村文化传承、休闲农业和乡村旅游发展有机结合，尤其是挖掘乡村文化资源，将乡村文化融入休闲农业，探索具有文化内涵的休闲农业发展模式，以文化提升休闲农业的核心竞争力，研究休闲农业发展中的文化传承问题也是未来研究重点之一。

二、乡村文化变迁研究

乡村文化的发展体现了农村文化的变迁及其发展规律。可以发现，乡村文化的发展具有时代性，不同的时期有不同的发展特点。在乡村文化发展过程中，既要看到长期积淀下来的精华，又要认识到蕴含的新时期的主旋律。要遵循乡村文化发展规律。对于农村文化发展变化的理性规律，需要从更长的历史视角和更宽广的全球视野开展系统研究和客观把握。

三、农耕文化发展研究

农耕文化是中华文化的鲜明标签，承载着华夏文明生生不息的基因密码，彰显着中华民族的思想智慧和精神追求，是中华文化的根基。研究农耕文化，既是农村文化发展的需要，也是丰富中国特色社会主义文化内涵的客观要求，更是顺应新时代新要求与新期待的必然追求。关于中国农耕文化的研究还有很大的空间，要对传统农耕文化进一步挖掘与整理，形成相关的学术成果，为后期农耕文化的研究奠定理论基础。

四、国外乡村文化发展研究

要深入研究日本、印度、澳大利亚、德国等国家乡村文化的发展和演变规律，用国际视野研究国外乡村文化的变迁历程，分析国外乡村文化发展规律，从中找出中国乡村文化振兴可以借鉴的经验，这也是未来乡村文化振兴研究的重要内容之一。

第二章
乡村文化振兴概述

　　在乡村振兴的背景下，推动乡村文化的繁荣发展具有重要的意义。文化振兴是乡村振兴的重要内容。《乡村振兴战略规划（2018—2022 年）》明确提出"按照产业兴旺、生态宜居、乡风文明、治理有效、生活富裕的总要求"，统筹推进农村经济建设、政治建设、文化建设、社会建设、生态文明建设和党的建设。同时，文化振兴又为乡村振兴提供了重要的精神支撑，是决胜全面建成小康社会、全面建成社会主义现代化强国的重大历史任务，是新时代做好乡村精神文明建设的总抓手。本章主要对乡村文化的形态和特征、乡村文化振兴的背景、内涵与目标进行概述。

第一节　乡村文化的内涵和特征

一、乡村文化的形态

乡村文化又称"乡土文化""农村文化"，是乡村地区的人们在长期的社会经济活动中所创造的物质产品、精神产品以及在活动方式上所体现出来的人类智慧和实践创造能力的总和。[①] 也就是说，乡村文化是乡村居民与乡村自然相互作用过程中所创造出来的所有事物和现象的总和。

根据不同的划分标准，乡村文化可以分为物态文化、制度文化、行为文化和精神文化四个形态。乡村物态文化既包括具体的器物及其生产工艺和技术，如村落形态与风貌、乡村建筑、乡村聚落、民间工艺品、民族服饰、生产生活资料等；又包括乡村居民集体或个人智慧的外在表现形式，如乡村田园景观、乡村建筑景观、农耕生活景观、乡村饮食文化等；乡村物态文化又属于乡村静态文化，是乡村文化外在的实体表现，处于乡村文化的基础层。乡村制度文化包括社会法律法规、纪律制度、道德准则、社会约定等，如乡规民约、乡村权力制度文化等。乡村制度文化是乡村文化中间层，属于乡村的动态文化，具有鲜明的民族性、地域性和强烈的文化感染力。乡村行为文化是乡村社会成员在日常生产生活中逐渐衍生出的风俗习惯，包括民风民俗、传统艺术、传统节日、民间杂技等。乡村行为文化是聚集乡村人气、树立文明乡风的一大法宝。乡村精神文化是乡村社会成员在生产生活中逐步建立起来的价值观念，包括家族文化、宗教文化、乡村审美、孝道文化等。乡村精神文化属于乡村文化的最高层，是乡村文化的精髓。

二、乡村文化的特征

乡村文化具有乡土性、传统性、自然性、稳定性和地域性等特征。

一是乡土性。有学者认为，乡村文化本质上就是乡土文化。"乡土性"是指

---

① 王声跃，王婊编著. 乡村地理学 [M]. 昆明：云南大学出版社，2015.

乡村社会中以农业为主的一种生产方式，是一种完全不同于现代西方或现代城市以工业或城市商业为主的生产方式。也正是这种人与土地的"乡土性"关系，决定了一种适应土地、面对土地的特殊文化形态，即乡土文化。乡土性是以"亲缘""地缘"关系为基础所形成的朴素道义和情感义务，通过物质和精神的方式传达出来的乡土观念和心理情感。长期以来，乡土性已经渗透到人们思想意识的深处，是中国文化传统中最持久、最根深蒂固的观念。

二是传统性。乡村文化在继承传统的过程中不断更替发展，乡村居民也是在过去传统生活方式的基础上逐步形成了较为一致的行为方式、感情色彩、道德规范、习俗惯制和心理素质。居民的日常生活方式无不体现出民族传统文化的特质，反映着民族的性格或民族的心理素质。农耕文化、饮食文化、建筑文化、民俗文化、艺术文化等也都体现了传统生活方式的特质。

三是自然性。乡村文化植根于特定的乡村环境，是人与自然紧密结合的产物。乡村文化体现了人与自然的融合，是较少受外界的冲击、自然形成的文化形态。乡村地域具有独特的自然风光，人口相对稀少，受工业化影响程度较低，保存着相对原始的生态环境，人们的生活方式和文化模式也相对保留着自然原始的状态。水光山色、耕作习俗、民俗风情等无不体现了人与自然的和谐共生。

四是稳定性。由于乡村社会相对封闭，乡村文化一旦形成，在相对短的历史时期便不会发生剧烈的变迁。因此乡村文化与乡村居民的心理特征、环境相适应，相对稳定，内聚力强，对外来文化具有较强的排斥力，不会轻易受到外来文化的干扰。乡村文化是在乡村居民长期共同生活中形成的独有的、相对稳定的文化形态与知识系统。历经几千年形成的农业文明，决定了乡村文化在乡村社会中的主流地位不会轻易发生改变。

五是地域性。每一种文化都存在于特定的地域之中，但相比之下，乡村文化的地域性特征是最突出的。乡村文化是相对于城市文化而言的，是乡村所特有的、有别于城市文化的相对稳定的文化形态。城市文化带有较强的同质性，而乡村文化是在特定的地理空间范围内产生的一种文化形态，带有突出的地域文化色彩。不同地域的乡村，其文化也表现出不同的特色，尤其是民族文化的特色非常鲜明。

第二节　乡村文化振兴的时代背景

乡村是具有自然、社会、经济特征的地域综合体，兼具生产、生活、生态、文化等多重功能，与城镇互促互进、共生共存，共同构成人类活动的主要空间。中华人民共和国成立以来，在城乡二元结构的影响下，乡村发展的速度明显滞后于城市。20 世纪 90 年代中期，"三农"问题逐渐引起了党中央的高度重视，一系列政策举措为乡村发展指明了方向。党的十六大报告提出要全面繁荣农村经济，加快城镇化进程；党的十七大报告指出要统筹城乡发展，推进社会主义新农村建设；党的十八大报告进一步指出要推动城乡发展一体化；党的十九大报告则明确提出了实施乡村振兴战略。在乡村振兴战略中，文化振兴是其中的一个重要内容，要推动乡村文化振兴，繁荣发展乡村文化。党的二十大报告强调要全面推进乡村振兴，巩固拓展脱贫攻坚成果，扎实推动乡村文化振兴。

一、新时代社会的主要矛盾在乡村最为突出

党的十三大指出，我国正处于社会主义的初级阶段，社会的主要矛盾是人民日益增长的物质文化需要同落后的社会生产之间的矛盾。经过 40 多年的改革开放，我国社会生产总体水平明显提高，经济建设取得重大成效，思想文化建设取得重大进展，人民的生活水平得到不断改善。现阶段，我国社会的主要矛盾发生了显著变化。党的十九大报告指出："中国特色社会主义进入新时代，我国社会主要矛盾已经转化为人民日益增长的美好生活需要和不平衡不充分的发展之间的矛盾。"社会不断发展，人民群众的生活水平稳步提升。日益提高的生活水平，激发了人民群众更广泛和更多元的美好生活需求。这种美好生活的需求不仅表现为对物质生活的需求，也表现为对精神生活的需求。2018 年中央一号文件指出："当前，我国发展不平衡不充分问题在乡村最为突出，实施乡村振兴战略，是解决人民日益增长的美好生活需要和不平衡不充分的发展之间矛盾的必然要求。"[①] 这种不平衡不充分的发展也表现在乡村文化建设方面。由于城乡

---

① 中共中央国务院. 中共中央国务院关于实施乡村振兴战略的意见 [M]. 北京：人民出版社，2018.

力量对比失衡，乡村社会边缘化和乡村文化虚化以及乡村价值空心化日趋严重，乡村在思想文化建设、科学文化建设、制度文化建设等方面相对滞后，保护乡村文化生态已经刻不容缓。乡村文化振兴是满足人民群众对物质文化生活的高层次追求的必然要求。

二、我国处于社会主义现代化建设的关键时期

党的二十大报告指出，"全党全国各族人民迈上了全面建设社会主义现代化国家新征程、向第二个百年奋斗目标进军的关键时刻"。[①]社会主义现代化建设要紧扣我国社会主要矛盾变化，统筹推进经济建设、政治建设、文化建设、社会建设、生态文明建设和党的建设。文化建设不仅是城市文明的进一步发展，也是乡村文明的进一步提升。现阶段，在乡村仍然存在部分农民文化水平落后，思想觉悟不高；部分农村地区不良风气较多，文化建设投入少、力度小、成效弱等问题。乡村文化振兴是建设社会主义现代化的关键指标之一，乡村文化振兴是提高乡村社会文明程度、增强文化自信和为乡村居民提供高质量精神营养的重要方式。说到底，没有乡村文化的同步发展，就不可能实现社会主义现代化。

三、新时代乡村文化振兴面临重大机遇和挑战

在新时代背景下，乡村文化振兴具有强大的物质支撑，面临空前的机遇和挑战，具有更加广阔的发展平台。乡村文化振兴在新时代发挥着重要作用，是中国智慧、中国方案的集中体现。新时代更加强调发展、共享和创新，而重点解决"三农"问题，重视乡村文化振兴，实际上就是农民共享发展、创新发展的过程。夺取新时代的伟大胜利，实现中华民族的伟大复兴，离不开乡村的飞跃性进步，更离不开乡村的整体性发展。全面建成社会主义现代化强国，实现中国梦的历史进程，离不开农民整体素质的提高，离不开乡村文化的繁荣兴盛。乡村文化振兴是乡村发展的灵魂，是实现乡村振兴战略的内在力量，是夺取新时代伟大胜利的重要精神力量，是建设社会主义现代化强国的重要途径。在中

---

① 本书编写组. 党的二十大报告辅导读本 [M]. 北京：人民出版社，2022.

国特色社会主义背景下，深入发展乡村文化事业，实现乡村文化振兴，可以丰富乡村文化的多样性和特色性，使乡村文化振兴成为实现农业农村现代化的重要动力，不断满足农民美好生活的需要。

第三节　乡村文化振兴的内涵

一、乡村文化振兴的定义

党的十九大报告指出，"文化是一个国家、一个民族的灵魂"。2018 年中央农村工作会议明确强调，实施乡村振兴战略，必须传承发展提升农耕文明，走乡村文化兴盛之路。这就把乡村文化振兴提到了一个新的高度。乡村文化振兴，就是在实施乡村振兴战略中，坚持物质文明和精神文明一齐来抓，繁荣兴盛农村文化，培育文明乡风、良好家风、淳朴民风，改善农民精神风貌，不断提高乡村社会文明程度，焕发乡村文明新气象。推动乡村文化振兴就是要以社会主义核心价值观为引领，加强乡村思想道德建设和公共文化建设，深入挖掘优秀传统农耕文化蕴含的思想观念、人文精神、道德规范，培育挖掘乡土文化人才，弘扬主旋律和社会正气。《乡村振兴战略规划（2018—2022 年）》中第七篇提出了繁荣发展乡村文化的具体项目和重大工程。综合来看，文化振兴的内涵包括以下几方面。

（一）重塑人与自然和谐发展的理念

农民在长期农业生产中形成了适应生产、生活需要的国家制度、礼俗制度、文化教育等的农耕文化。作为世界上存在最为广泛的文化集成，农耕文化是华夏文化的源泉，是中华优秀传统文化的璀璨之星。中华农耕文化强调的是人与自然和谐统一，强调万物和谐是自然界各物种和睦共存的最美结构、最佳形式，也是持续发展的标志。人类从最初对自然的敬畏，到抗争，再到利用掠夺破坏，虽然满足了现实的利益，却造成了生态失衡、环境污染、资源枯竭等，甚至遭到毁灭性的灾难。归根到底就是在人与自然相处的理念上出现了问题，人与自然的关系必须坚持绿色发展理念，文化振兴就是要摒弃忽视自然的"人类中心主义"的发展观，顺应天时、地利、人和的要求，找回人与自然和谐发展的理念，尊重自然、融入自然、顺应自然。树立顺应自然、遵循自然规律、人与自然和谐相处的理念，让每一个人都真正认识到，不能过分地向自然索取，而应追求人与自然的和谐共赢的绿色发展道路，建立环境友好型、资源节约型的社会。

（二）弘扬中华优秀传统美德

传统美德是民族文化的结晶，有着丰富的民族精神和思想内容。中华民族拥有的勤俭节约、艰苦奋斗、诚信友善等优良作风和传统美德，影响了一代又一代中华儿女，并在历史长河中不断延续。然而，近年来，农村生活中依然存在盲目攀比、红白喜事大操大办、部分农民思想涣散等不良现象，不仅影响人际关系的和谐，而且在一定程度上也助长了歪风邪气，不利于农村的健康发展。文化振兴就是要不断提升农民的思想道德水平，引导农民践行勤俭节约、艰苦奋斗的优良品格，自觉投身到乡村振兴的建设中去。中华文化博大精深，乡村文化建设就是要弘扬中华优秀传统美德，发挥道德模范的先锋带头作用，引导农民践行社会主义核心价值观，形成崇德向善、宽容礼让的社会氛围，促进乡村和谐稳定、健康发展。

（三）创新传承农耕文化的方式

乡村是中国传统文化的发源地，中华文明是由成熟的农业文明、乡村文明发展而来的，反映了中华民族的生存智慧。农耕文化是农业文明、乡村文明的表现形式，是中华民族的宝贵财富，是中华文化的重要组成部分。农耕文化有其自身发展特点和逻辑，很难从属于城市文化。而城镇化的快速推进使得农耕文化越来越缺乏传承的载体，迫切需要创新其传承方式，使其在与现代文明的融合中重获新生。那些具有鲜明地域和民族特征的农业文化遗产、传统村落、文化习俗、非物质文化遗产等，都是民族文化的宝库和活化石，也是传承农耕文化的载体。可以针对城镇化不断发展的现实，有针对性地设计乡村的印记实体或网络平台，寄托人们的乡愁；根据农业多功能性的特点，整合各地农业生产、农村生态、农民生活、乡村文化等多种资源，将农业与自然、第二产业和第三产业有机融合，传承农耕文化；还可以将传统农耕文化与现代工业文明有机结合，在传承地方文化产业特色基础上，探索乡村价值融入城市的发展路径，实现乡村和城市的良性互动，促进城乡融合发展。

总之，乡村文化振兴，就是要深入挖掘农耕文化中蕴含优秀的思想观念、人文精神、道德规范，结合时代要求，在保护和传承的基础上实现创造性转化和发展，使其焕发新的气象和生机，推动中华优秀传统文化的传承和发展。

二、乡村文化振兴的特点

从乡村文化振兴的内涵可以看出，推动乡村文化振兴，需要对乡村传统文化进行保护、传承与发展，使其与现代文化有机融合，以更好地延续乡村文化血脉。在实施乡村文化振兴过程中，呈现出以下几个特点。

（一）传承性

乡村是中华五千年农耕文明的见证者和感知者，是中华民族传统文化的基因库，记载着一代代华夏儿女的生活轨迹。乡村文化植根于农村，拥有深厚的内涵。它包含自强不息、守望相助的农耕文明，尊老爱老、忠信友善的孝文化，"崇乡贤、敬乡贤"的乡贤文化等，这些文化是乡村社会得以延续下去的脉络和灵魂。在中国特色社会主义现代化建设的新时期，应充分挖掘乡村优秀文化的思想品质、人文精神，并将这些闪光点继续传承下去。

（二）保护性

乡村文化是乡村社会发展的灵魂，但是在城市化和市场经济的冲击下，有很多承载乡村文化的古建筑、古村落在逐渐消失。乡村文化振兴的首要任务就是要对传统村落、传统文化进行保护。从物质文化层面看，应加强对传统村落基本格局的保护，加强对乡村文物古迹、传统建筑以及民间文化活动场所等的保护。不仅包括文物，还包括能够唤起乡村记忆的古老建筑，如庙宇、祠堂、寺院等。另外，还包括农耕文明中一些日常的劳动工具及生活用具，如马车、水磨、马灯、风箱、拴马桩等。从非物质文化来讲，应加强对非物质文化遗产的保护、传承和发展，如乡村优秀传统技艺、传统节庆活动、传统体育活动等。

（三）创新性

在城乡一体化的背景下，乡村文化振兴既要继承和保护优秀乡村文化，同时也要接纳现代信息技术、新的文化形式、新的文化载体,激励乡村文化的创新和发展。首先,要鼓励农民积极参与到乡村文化的创新实践中,树立文化自觉、文化自信的观念和意识,增强文化创新的内生动力;其次,要发挥好信息技术的作用,把乡村文化发展与产业发展有机结合起来,促进乡村文化内容和传播手段的创新,让乡村文化焕发新的生机与活力。可以借助现代科技手段、现代文化创意设计表现乡村传统文化,鼓励乡村传统文化与乡村旅游融合发展,激发乡村文化的活力;最后,要建立健全相关政策制度,加大政策对文化创新的支持力度,保护创新创造的成果。

第四节 乡村文化振兴的目标

文化振兴的总目标在于繁荣兴盛乡村文化。乡村文化振兴的具体目标主要体现在培育乡风文明、提升农民精神风貌、增强乡村文化自信、促进乡村社会和谐稳定四个方面。

一、乡村文化振兴的总目标

中国特色社会主义进入新时代,亿万农民的美好生活需要日益广泛,满足农民过上美好生活的新期待,必须提供丰富的精神食粮。《乡村振兴战略规划(2018—2022 年)》提出,要"坚持以社会主义核心价值观为引领,以传承发展中华优秀传统文化为核心,以乡村公共文化服务体系建设为载体,培育文明乡风、良好家风、淳朴民风,推动乡村文化振兴,建设邻里守望、诚信重礼、勤俭节约的文明乡村"。同时,也要按照产业兴旺、生态宜居、乡风文明、治理有效、生活富裕的总要求,深入挖掘中华优秀传统文化中的思想观念、人文精神、道德规范,丰富乡村公共文化空间,促进乡村社会的全面振兴。

繁荣兴盛乡村文化,焕发乡风文明新气象是乡村文化振兴的总目标,在这个过程中,可以树立起乡村文化自信,提高农民自身的思想道德素质和文化素质,有效提升农村文化建设水平,推动农业农村的现代化发展。

二、乡村文化振兴的具体目标

乡村文化振兴的具体目标主要有以下几个方面。

（一）传承优秀农耕文化

农耕文化是我国农业的宝贵财富，是中华文化的重要组成部分。农耕文化传承着各民族的历史记忆、生产生活智慧、文化艺术结晶和民族地域特色，是乡村的魂与根，是农民难以割舍的精神命脉。农耕文化传承与保护是一个长期、庞大的系统工程，可以从以下几个方面进行。一是建立农耕文化传承保护名录，组织专家团队把本地区祖先流传下来的和濒临消失的生产技艺、耕作制度、习俗、礼仪、服饰、语言、节庆、建筑等农耕文化进行收集整理和分类汇编；二是建立农耕博物馆、非遗展示馆、传习所等，精心打造一批有代表性的农耕文化传承基地；三是通过编撰乡村志，保存和再现乡村的原始风貌和传统文化，让其留下历史印记，得以世代传承，唤起文化认同和文化共鸣；四是建设民族传统文化生态保护区，开展整体性保护，实行原生态保护；五是开展生产性保护，实现文化与产业融合。对一些群众基础好、有市场前景的传统技艺，进行开发性保护；六是组织文艺家创作一批反映农耕文化和民族风情的代表性文艺作品。支持创作农耕文化艺术精品，扶持农耕题材影视剧、纪录片、微电影、网络剧创作等工作；七是组织好活态性保护工作，投入一定经费，采取抢救、修复、加固等措施，开展好实物性保护，让特色鲜明的农耕文化大放异彩。

（二）繁荣乡村特色文化

由于地理环境、思想观念、生活方式、经济基础等的差异，不同乡村地区在农耕文明的不断发展中形成了较为独特的地域文化。这些文化具有一定的可识别性，在地方语言、工具器物、礼仪庆典、建筑风格、民风民俗等方面呈现出了文化的多样性和差异性。乡村文化在历史的发展中成为民众共同的文化记忆，继承和发展具有地方特色的乡村优秀传统文化，就是在延续我们的文化根脉。因此，要通过多种途径继承乡村文化，并对其进行创造性转化和创新性发展，使独具特色的乡村文化成为美丽乡村建设的标志。深入挖掘乡村文化的精神内涵和现代意义，保留历史文化价值较大的传统村落和民居，保护民间文化遗产，开展乡村文艺活动，让乡村特色文化蓬勃发展。2017年2月5日，中共中央、国务院发布的《关于深入推进农业供给侧结构性改革加快培育农业农村发展新动能的若干意见》提出，在壮大乡村新产业新业态的过程中，要"充分发挥乡村各类物质与非物质资源富集的独特优势"，"发展富有乡村特色的民宿和养生养老基地"。① 在发展乡村文化产业的过程中，要立足于地方的资源禀赋和风土人情，打造地方特色文化产品和相关服务。

（三）培育乡村社会新风

乡风文明是乡村文化振兴的重要目标，也是乡村振兴的保障。党的十九大强调要把"乡风文明"作为农村建设的重要部署，由此可见乡风文明建设的必要性以及困难程度。乡风文明的培育目的在于营造良好的社会风气，构建乡村文明新风尚。乡风文明的培育体现在以下四个方面：第一，建立健全乡风文明相关制度。2019年，中央农村工作领导小组办公室、农业农村部等11个部门联合印发的《关于进一步推进移风易俗建设文明乡风的指导意见》对乡风文明建设工作进行了全面规定，其中指出"把推进文明乡风作为地方各级党委和政府的一项重要任务"。② 可见，建立健全相关制度和责任机制对乡风文明的重塑显得尤为重要。第二，完善监督和奖惩机制，将乡风文明建设与社会治理结合起来，完善政绩考核制度，在村干部和相关部门人员的政治考核中加入乡风文明建设，促使领导干部形成良好作风，为农民群众树立良好榜样。同时，引导干部和群众对乡风文明建设情况进行监督，对违背文明乡风的行为进行举报和惩戒。对于优秀榜样，如"五好家庭""最美媳妇"等进行奖励，推动乡风文明的建设。第三，不断丰富文明创建活动。开展大众喜闻乐见的乡村文化活动，把社会主义核心价值观融入各类活动中，培育文明新风。第四，做好移风易俗的加减法。乡村文化振兴的过程中要减掉陈规陋习，增加一些新风新俗，力争补齐乡村建设中的"文化短板"。

---

① 中共中央国务院. 中共中央国务院关于深入推进农业供给侧结构性改革加快培育农业农村发展新动能的若干意见 [M]. 北京：人民出版社，2017.
② 农业农村部法规司. 2019年农业农村法律法规及文件汇编 [M]. 北京：中国农业出版社，2020.

（四）加强乡村精神文明建设

农村精神文明建设在乡村振兴战略中占有重要的地位。加强精神文明建设，改善农民的精神风貌，可以为乡村振兴提供强大的精神支撑、丰润的道德滋养和良好的思想基础。农村精神文明建设必须要反映时代要求，满足乡村振兴的需要，积极引导农民在思想观念和行为习惯上与农村社会治理现代化相适应。改善农民精神风貌可以从以下几个方面进行：第一，农民自身要保持积极乐观的思想观念。农民应树立"幸福生活要靠自己创造"的观念，增强自我学习、自我创造、自我提升的意识，主动向身边的先进榜样学习，充分调动自身的主观能动性和创造性，展示自强不息的精神风貌。第二，政府要开展好形势政策教育。深入了解农民群众关心关注的问题，结合实际有针对性地答疑解惑、凝聚人心，引导农民发自内心听党话、跟党走。第三，发挥好社会主义核心价值观的引领作用。用农民群众喜闻乐见、通俗易懂的表达方式，增强农民对社会主义核心价值观的认同，形成知荣辱、讲正气、促和谐的良好风尚。第四，提升农民技能和本领。组织开展科学文化知识学习和专业技能培训，帮助农民掌握实用技术，提升农民的整体素质，形成自我生存、自我发展和自我提升的意识。第五，加强对农民的普法教育。通过开展普法知识讲座、开设农村普法栏目等多渠道进行普法宣传，增强农民的法治意识，引导农民遵纪守法，树立遵纪守法光荣、违规违纪当罚的意识，在农村营造良好的社会治理环境。

（五）提升乡村文化自信

农民群众是乡村文化振兴的主体，如果缺乏农民的主动参与，乡村文化也就失去了意义。增强乡村文化自信是在文化自觉的基础上树立起来的，农民群众的文化自觉是指：生活在一定文化历史圈子的农民，对自己所在地域的乡村文化有自知之明，对于乡村文化的发展过程有着充分而深刻的认识，认识到自己在乡村文化建设中的主体地位，主动去继承乡村优秀传统文化，取其精华、去其糟粕。但是，很多农民对乡村文化普遍缺乏文化自信，对乡村文化缺乏价值认同。乡村文化振兴能够培养农民的文化自觉、构建文化自信，主要表现在两个层面：第一，在实践层面，要引导广大人民群众真正成为文化建设的主体，增强农民在创新中发展乡村文化的"造血"功能，鼓励农民群众主动创办文化活动，主动参与到乡村文化的建设和管理中去。第二，在思想层面，要树立文化自信。理性对待自身所在地域的乡村文化，取其精华、去其糟粕，同时主动了解和把握其他优秀文化，自觉学习优秀乡村文化，培育和创新乡村文化。

第三章

乡村文化振兴与乡村振兴的逻辑理路

　　乡村兴则国家兴，乡村衰则国家衰。实施乡村振兴战略，是解决新时代我国社会主要矛盾、全面建成社会主义现代化国家、实现中华民族伟大复兴中国梦的必然要求。乡村文化振兴有助于推动乡村振兴战略的实施，重建乡村文化自信。作为乡村振兴的重要内容，乡村文化振兴与乡村振兴存在一定的逻辑关系，乡村文化振兴是乡村振兴的灵魂，为乡村振兴凝聚精神力量，提供人才支撑；同时，乡村文化振兴引领乡村振兴，是实现乡村振兴的必由之路。

第一节　乡村文化振兴是乡村振兴的重要内容

中华文化的根就在乡村，解决乡村问题就需要实施乡村振兴战略，要从乡村本身寻求乡村发展的出路。乡村文化是乡村发展的魂，要重视和挖掘乡村优秀文化，探索乡村发展的最优路径，为乡村发展"铸魂塑形"。

乡村振兴战略是党中央做出的重大战略安排，对全面建成小康社会和建成社会主义现代化国家具有重大意义，对把握新时代"三农"问题具有重要指导意义。乡村振兴战略是指在马克思主义理论的指导下，在遵循经济社会发展规律的基础上，培育实现乡村振兴的内生力量和发展动力，促进乡村全面发展、推动乡村融合发展的战略。乡村振兴涉及包括经济、政治、文化、社会等在内的乡村治理的各个方面，其中乡村文化振兴是乡村振兴的重要组成部分。习近平总书记还强调："要坚持乡村全面振兴，抓重点、补短板、强弱项，实现乡村产业振兴、人才振兴、文化振兴、生态振兴、组织振兴，推动农业全面升级、农村全面进步、农民全面发展。"坚持大力发展乡村文化，为农村全面发展提供文化支持。

乡村文化振兴不仅是乡村振兴的关键所在和内在要求，而且为乡村振兴提供智力支持和精神动力。乡村文化振兴体现在：一是对传统乡土文化中仍具有时代价值和生命力的文化因子进行挖掘、传承与弘扬；二是发挥中国特色社会主义核心价值观在乡村文化建设中的引领作用，且不断深化，并对现代乡土文化的构建产生巨大的影响。乡村文化振兴是传统优秀伦理文化与社会主义核心价值观的有机结合。乡村文化振兴要坚持物质文明和精神文明一起抓，不断提高乡村社会文明程度，提升现代新型农民的文化素质，不断培育文化自觉、热爱传统文化、敢于创新的新型农民，强化广大农民群众在乡村文化振兴中的主体意识，发挥其主人翁的积极作用。在乡村振兴过程中，文化振兴主要是解决农民群众主体意识觉醒、提升综合素质的关键一环，是推进中国特色社会主义核心价值观融于农民文化思想和价值观念的有力抓手，也是实现中国优秀传统文化走向复兴的伟大举措。

在乡村振兴的过程中，乡村文化振兴是其中的重要内容，是乡村振兴战略的重要任务和必要保障，必须把乡村文化振兴贯穿于乡村振兴的各领域、全过程。可以说，乡村文化振兴是实现乡村振兴目标的重要指标，也为乡村振兴提供了持久的精神动力。

第二节　乡村文化振兴引领乡村振兴

文化振兴在整个乡村振兴战略中属于"灵魂工程"。之所以这么说，是因为文化振兴在乡村振兴战略的实施过程中起着引领和导向作用。乡村文化建设为实施乡村振兴战略定位导航，使其沿着科学的道路健康稳步发展。文化是一个国家、一个民族的灵魂，如果文化不能繁荣兴盛，中华民族的伟大复兴也难以实现。同样地，没有文化作为支撑的乡村，也难以实现可持续发展。正如习近平总书记强调的"记住乡愁"，这里的"乡愁"，就是"魂"之所系、"魄"之所归、心之所向的地方。

一、文化振兴有助于推动乡村振兴战略实施

乡村文化振兴，对于实现"农业强、农村美、农民富"的现代化图景，有着重要的现实意义。乡村振兴战略中的五个方面相互促进、协调发展，不可分割、缺一不可，是一个统一的有机整体，为实现农业农村农民全面发展发挥着各自的作用。文化振兴作为农村精神文明的重要组成部分，体现在乡村建设的方方面面，为乡村振兴提供思想保障、精神动力和智力支持，是乡村振兴的重要保障。产业兴旺为文化振兴提供物质保证，文化振兴则为产业兴旺提供精神支持。文化振兴赋予农产品丰富的文化内涵，能够提升农产品的文化品牌效应，助推农业产业发展，拓宽农民增收渠道，增强农民获得感。生态宜居就是要推进乡村绿色发展，打造人与自然和谐共生发展新格局。生态宜居既是自然环境的宜居，又是人文环境的宜居。挖掘乡村丰富的历史文化资源和思想道德观念，有利于发挥教化群众、淳化民风的作用，为乡村奠定良好的道德基础；而加强乡村公共文化设施建设和文化服务体系建设，对于满足农民的精神需求，提高

农民的人文素养，为乡村营造优良的人文环境具有积极意义。

思想道德建设和精神文明建设作为人文环境中的重要内容，其本身就包含了乡村治理的内涵。加强农民思想道德建设和精神文明建设，可以提升农民思想道德水平，充分认识其主体作用，发挥创造性。引导农民强化自治意识，真正参与到基层民主自治中来，积极参加村民议事、村民代表会议，自觉行使群众知情权、参与权、监督权，推动农村基层自治建设，打造民主自治的乡村队伍。强化文明意识、法律意识，破除早婚早育、天价彩礼等陈规陋习，鼓励农民程序上访，自觉运用法律武器维护自身合法权益，维护农村社会和谐稳定，构建乡村治理新秩序，为脱贫攻坚和乡村振兴提供秩序支撑。生活富裕是乡村振兴的出发点和落脚点，生活本身就包含物质生活和精神生活。随着中国特色社会主义进入新时代，人民对美好生活的需要已经不仅仅局限于物质上的满足，而是追求更高的精神层面的充实。而乡风文明就是农民精神生活的追求目标，是农民幸福感的重要体现。

二、文化振兴为实施乡村振兴战略提供精神动力

农民是农村的主人，也是实施乡村振兴战略的主力军，农民的整体素质和主动创造性直接决定乡村振兴战略的实施效果。而农民对国家前途命运的信心、对党和政府的拥护程度、对新农村建设的认识以及对自身在乡村振兴战略中的定位等，都将直接影响农民参与乡村振兴的积极主动性。通过对农民进行思想政治教育，可以激发农民的责任心和使命感，促使其积极投身于新农村建设。因此，必须振兴乡村文化，最大限度地激活农民的创造力。

首先，实施乡村振兴战略，不仅要有充足的物质生产资料来满足农村发展的需要，而且要有强大的精神力量作为保障。正如习近平总书记提出的，"满足人民过上美好生活的新期待，必须提供丰富的精神食粮"。可以通过加强乡风文明建设来提高农民的思想道德水平和科学文化水平，提振农民的精气神，激活农民内生发展动力，使农民主动学习务农经商、自我发展的基本生存技能，激发勤劳致富的意识，增强致富本领，积极主动参与到乡村振兴建设中来，为实施乡村振兴战略提供动力源泉。其次，基层党员干部可以利用党群活动中心、

图书室等文化活动中心宣讲中国特色社会主义理论、党的方针政策、法律法规、科技文化，运用微信、广播、海报等多种宣传形式，增强农民的文化素质，激发农民积极向上的奋斗热情，为新时代乡村振兴注入强大的精神力量。

三、文化振兴为实施乡村振兴战略提供智力支持

优秀的人才能够起到一定的引领和示范作用，带动村民丰富精神文化生活，推动乡村文化振兴。然而，当前我国农村教育相对滞后，农民的受教育程度还普遍不高，农民对现代农业科技的了解欠缺，利用现代农业技术从事农业生产的意识还不够高，这是制约农村经济发展的一大瓶颈。因此，要培养一批优秀的农业人才，针对农民群众积极开展思想品德教育，引导农民认识到科学文化知识的重要性，了解现代农业技术的先进和便捷，用通俗易懂的方式讲解农业的文化知识，使农民乐于学习、接受和运用新技术，为农民的生产奠定理论基础。另外，农业人才要加强对农民劳动技能的教育和培训，如电商培训、文化下乡科普、农业技术培训等。通过教育和培训提高农民的文化素养，使农民获得运用先进农业生产技术的技能，鼓励农民在生产生活的实践中大胆探索和创新，开发更多的农产品，找到农产品的附加价值，帮助农民发家致富，改变农村的精神面貌。

第三节　乡村文化振兴助力乡村振兴

乡村的灵魂是文化。在过去，很多村庄衰落的重要原因就是文化的衰落。城乡经济发展的差异，也使得乡村自我认同存在困惑。如何破解这种困惑，就需要树立起文化自信，唤醒乡村振兴的文化自觉。

一、发展乡村文化产业助力乡村振兴

文化产业表现为三种形态，第一种是通过研发、生产、销售等流程以实体形态展示出来的产品，如剪纸、汉服、雕塑、绘画等手工艺品，以及图书、音像制品等。第二种是类似于"二人转""黄梅戏"等各种文化演出，通过文化服

务形式展示出来的业态。第三种是以文化休闲娱乐为形式的产业，这种新型经济产业能够提高文化的附加值，如庙会、文化节、红色文化旅游产业等。乡村文化产业具有公益性与营利性并存以及创新性两大特点。

发展乡村文化产业，有利于对乡土文化资源进行充分发掘，让乡村传统文化"活"起来。通过挖掘乡村优秀传统文化资源，可以为乡村文化注入新的内涵，进一步发展乡土文明。有利于促进乡村经济发展，让农民增收致富。通过对乡村文化资源进行整合利用，发展乡村特色文化产业，可以把宝贵的文化资源转化成激励农民富起来的强大动力。有利于满足广大农民的精神文化需求，促进乡风文明。通过吸收借鉴乡土文明中的有益成分，能够教育和典范农民，发扬"扶志""治心""铸魂"作用，助力农民摆脱精神贫瘠。发展乡村文化产业，能够让农民在参与产业建设过程中潜移默化地接受文化陶冶，提升农民的思想深度和道德高度。

（一）发展乡村特色文化产业

开发利用好乡村特色文化产业，是实现乡村经济文化融合发展的重要路径。当今很多乡村文化产业发展呈现出趋同化、同质化特点，不同村落要"量体裁衣"、因地制宜。坚持保护与开发相结合的原则，依托本地独特的历史文化、生态文化、民族文化与传统技艺文化等资源，打造有根基、有特色、有后劲的乡村特色文化产业。比如，可以大力挖掘地方美食文化扩大知名度，通过发展地方特色美食带动当地经济发展。在开发地方特色美食过程中，要综合利用本土地绿色生态、天然食材，打造品牌特色内容，进而提高饮食的知名度，让品牌饮食成为旅游产品地特色代表。政府可以积极挖掘本地的古村落和古民居，投入专项建设资金，打造具有地方民族文化特色的乡村旅游，帮助当地居民创业增收。此外，在一些民族聚居地，还可以结合地方民族风情开发民族特色服饰等非物质文化遗产。将文化优势转化为经济优势，带领农民脱贫致富。

（二）依托信息技术发展乡村文化产业

发展乡村文化产业要适应现代化的进程，充分运用现代高科技手段，为乡村文化产业助力。一是利用新媒介扩大乡村文化影响力。二是搭建电商平台发展乡村文化产业。进入 21 世纪，电商已经越来越成为中国经济发展的强大动力，农民可以通过"直播带货"、开通"线上店铺"等形式，销售当地的土特产、工艺品等文化产品，既能增加当地的知名度，又能建立起本地区的文化品牌，进而扩大销售规模，带动当地经济效益。三是探索"互联网＋"模式发展乡村旅游产业。将乡村旅游产业与互联网融为一体，建设智能景区，开辟分时预约、全景游览、金牌解说等功能，为大众创造便捷新颖的游览体验。

（三）加强乡村文化产业人才培养

发展乡村文化产业需要高素质人才队伍，高素质人才思路多、想法广，能够为乡村文化产业的发展提供智力支撑，可以使得文化资源的开发和利用更高效。一是培养手工艺人才。通过建立培训交流与创意研发基地，邀请传统骨干手工艺人为青年人开展手工技法培训，创新研发手工艺品，使得手工艺品能够与时俱进，更加适应市场的需求。聘用或者约请相关专家学者或者企业设计师进行培训交流，通过深度探讨，拓展手工艺人的研发思路，提升乡村传统手工艺品的内涵。二是鼓励青年继续深造。可以结合"产学研"一体的思路，与乡村文化企业对接，吸引更多新鲜血液。让青年发挥年轻的优势，鼓励外出交流、持续深造、开阔视野，把先进的思想带入乡村文化产品生产实践中，培育一批懂经营、有本事、有想法的专业人才。通过这种培养方式，一方面可以为乡村文化企业培养专业人才，另一方面能汇聚思想拓宽乡村手工艺品的研发路径，促进乡村文化产业的发展。三是强化引才育才工作。政府要制定各种人才引进措施，相关部门通过与高等院校沟通交流，引进一批专业的高校毕业生，解决高素质人才短缺问题。另外，政府要建立长效用人机制，对人才进行定岗定期培训，引导人才开展科学的职业规划，充分发挥高素质人才的价值，确保人才招得来、留得住、用得好。

（四）加快融资"造血"功能

要汇聚多方渠道，加快乡村文化产业融资。一是政府可以开发符合市场需求的融资项目，帮助农村吸引更多社会资本；二是发挥村集体作用，村集体要拿出一定量的资金，投入到各村文化产业建设中；三是鼓励农民自愿入股，积极参股，通过这种方式筹集乡村文化产业建设资金；四是动员乡贤力量，鼓励在外创业发展的本乡村民，为乡村文化产业发展投资；五是健全乡村文化企业的合作机制，加大企业的形象包装力度，增强企业的创新能力，以吸引其他各种渠道的资金支持；六是各大银行创新信贷制度，把小额金融服务的政策福利向乡村文化产业倾斜，为乡村中小文化企业提供一定资金支持。

二、重塑乡村文化自信助力乡村振兴

文化自信是支撑国家、民族发展的最基本、更深沉、更持久的力量。坚持文化自信能够引领和推动乡村振兴工作，而实施乡村振兴能够对坚定文化自信提供深厚支撑。实施乡村振兴战略需要挖掘和培育乡村文化，汲取优秀传统文化养分，促进农村文化建设与农民发展的良性互动。增强乡村文化自信，是推进乡村振兴战略实施的必然要求和动力源泉，能够引领乡村建设和农村发展，激励农民在生产生活中自身反省和自我纠正，进而树立发展意识，增强农民的自信心。乡村振兴背景下乡村文化自信的重塑路径主要有以下几个方面。

（一）发挥农民主体作用

新时期，农民是乡村文化建设和发展的主力军，要进一步发挥农民的主体力量，提升乡村文化自信。相关工作部门要综合利用线上线下多种渠道做好文化宣传推广，让农民了解国家乡村振兴的政策文件及发展战略，自觉投身于乡村文化与经济事业建设中。在乡村振兴建设中，要大力发展农村生产力，挖掘乡村文化资源，融合发展乡村特色产业，增强乡村产业竞争力，培育良好的文化自信。同时，要注重文化与经济的平衡，结合乡村发展实际，合理开展文化建设活动。

（二）强化理想信念教育

"社会主义核心价值观，凝聚了中国亿万人民共同价值追求，是广大无产阶级的共同价值目标，是广大中国公民在个人价值层面的普遍共识，更是凝聚了我国五十六个民族的共同价值基础。"[1]要打造乡村的社会主义核心价值体系，为乡村振兴提供精神动力。一是将理想信念贯穿到农村基层。对农民进行爱国主义教育、集体主义教育，提倡爱岗敬业、忠心报国、成人成才的个人成长目标，

---

① 李兵，王勇.论社会主义核心价值观在推动"直过民族"文明进步中的作用——以云南省怒江傈僳族自治州为例 [J].西北民族大学学报(哲学社会科学版)，2019，(02)：37-44.

弘扬勤劳致富、绿色生产的生活准则。二是将社会主义核心价值观融入乡村文化建设，强化对农民思想道德的引领，激发乡村振兴的内生动力。

（三）发展乡村教育事业

教育是加强乡村思想道德建设的根本途径，通过教育所习得的文化知识和塑造的价值观，对提高农民的文化自信能起到重要作用。一要把加强学校教育作为乡村教育基础，保障乡村义务教育，深化教育课程改革，改善乡村教育条件，提高农村学校的教学质量，促进乡村地区普及各类教育。通过学校教育，增强农民的文化自信。二要把农民再教育作为乡村教育的关键。加强教育和培训引导，根据农民技能需求、发展意愿，对有劳动能力的农民有针对性开展定岗、定向式培训，送文化下乡、送技术上门，帮助他们获得务农经商、自我发展的基本生存技能，激发勤劳致富的意识，增强致富本领。通过再教育改变农民自身的道德素质和精神面貌，助力文明乡风建设；学习文化知识和科学技能，助力乡村振兴。

三、促进农民文化自觉助力乡村振兴

文化自觉的探索是一个长期复杂的过程，文化自觉程度受到主体认识能力、觉悟水平等因素影响。实现农民文化自觉对于扎实推进乡村文化建设具有重要意义，落实好文化自觉是实现乡村文化振兴的基础和前提。农民实现文化自觉，就能够遵循乡村发展和建设规律，主动投入乡村建设。从根本上来看，实现文化自觉就是要培养农民的内在根植力，也就是通过实践发挥主体作用，进而实现文化自觉。

（一）追溯文化本源，强化主体认知

建立文化自觉首先要准确寻"根"。"文化之根"对于形成文化自觉具有促进作用。追"本"溯"源"，实际上并不是纯粹向传统靠拢，而是在挖掘"源头"的基础上，寻找价值的共通性，结合新时代发展需求并加以充分利用。乡村应该将文化寻根项目作为乡村建设中的一项重要任务，政府应制订一系列完整具体的寻根计划，鼓励村民加入寻根工作，组织各村结合实际情况执行规划方案。

将收集到的乡村历史、民风民俗等文化资源进行归纳整理，并纳入档案和数据库，为后续的查询与传承提供便利，进而形成"文化自觉"。在收集乡村文化资源的过程中，可以通过组织开展"老人故事会""寻根展览"等方式，了解乡村历史以及模范英雄事迹，并做好宣传推广工作。这样既强化了农民对当地文化的认知，又能够为乡村文化发展注入强大力量，使农民产生自豪感和归属感，形成文化自觉。

（二）构建文化地标，形成主体共识

实现文化自觉还体现在对"根"的继承上。乡村文化是中华优秀传统文化的重要组成部分，也是实现文化自觉的依托。正是文化的独特性、多样性和创造性，使得文化有了灵魂和魅力。而文化地标作为一个地方文化的缩影，可以见证一个地方的发展，也可以体现文化的传承，更能够引起多数人情感共鸣。从根本上说，建立文化地标的实质就是建立文化认同，进而达成文化共识，塑造和引领地方文化。因此，各地可以利用闲置公共场所建立富有特色的文化地标建筑，比如可以将过去的祠堂、戏台等进行翻新改造，用于举办农村的文娱、宣讲、竞赛等文化活动，让村民充分参与文化活动，在继承本土文化的基础上激发农民文化创造的激情，实现文化自觉。

（三）开展文化活动，深化主体认同

农民对文化缺乏温情敬意与当地文化活动的供给有关，文化活动是文化内涵的表达以及传承的载体，按需举办活动是文化自觉得以实现的重要途径。通过建立机制、走访民意调查、奖励补给等渠道分析农民文化需求，按需增加乡村公共文化供给，弥补当前供给不足的情况，指引文化主体提供喜闻乐见文化产品及文化服务，深化主体认同，形成文化自觉。要开展农民喜闻乐见的、融入性较高的文化活动，吸引农民群众的广泛参与，让农民群众通过参与活动深化对本地文化的认识，体会本地文化的价值和意义，提高对本地文化的认同。例如，福建一些地方通过乡音大合唱、戏剧等方式，推出文化精品，让农民在不出门、少消费的情况下就能欣赏到优秀的文化作品。乡音是乡村文化传播的重要载体，带有浓郁的地方特色，有着其他文化活动无可替代的融入性与认同感。

（四）探索文化规律，推动自主创新

实现文化自觉，就是要把握文化发展规律，在积累的基础上创新，也就是"扬弃"。创新是人类生存和发展的基础，也是人类发展进步的根本动力。文化的发展也离不开创新，离开了创新，文化就没有了灵魂。因此，乡村文化的发展尤其要注意创新，要结合历史和文化传统因素，将传统文化与现代文化元素结合起来，为乡村文化赋予新的内涵，让传统文化焕发生机和活力。从文化自觉的视角来看，文化自觉实际上就是一种反思的行为，通过反思，重新审视文化自身的过去、现在和将来，进而获得文化转型发展的主动权。所以，文化创新就是要在文化自觉的前提下，丰富文化的内涵和外延，对本土文化进行再造，实现传统文化的"守正创新"。

（五）挖掘文化精英，发展文化组织

乡村文化精英是文化自觉的实践主体，因此，文化建设离不开乡村文化精英。对于大多数人来说，文化自觉意识需要时代领潮人士唤醒。文化精英在乡村具有一定权威，具有说服力，能够得到农民的认可。另外，乡村文化精英文化基础坚实，视野相对开阔，能够担起发展乡村文化的职责。因此，要利用农村现有人力资源，挖掘乡贤、农村退休干部、乡村教师等乡村精英，鼓励他们利用个人魅力和影响力引领农民开展大众文化活动，激发农民的文化觉醒意识。另外，要通过农村教育培养优秀文化人才，加强农民素质教育，更好掌握乡村文化发展规律。同时要制定人才引进制度，坚持科学的用人导向，鼓励和重用文化人才，引导人才主动参与文化建设。

第四章
我国乡村文化建设的现状与对策

　　近年来，"三农"问题始终是我国经济社会发展关注的焦点，解决好"三农"问题对于推动我国经济社会稳定发展具有积极意义。关于"三农"问题，《乡村振兴战略规划（2018—2022年）》提出了推动乡村文化振兴的目标，党的二十大报告明确提出要扎实推动乡村产业、人才、文化、生态、组织振兴。文化振兴既是农村实现全面振兴的内在动力，也是推动中国特色社会主义核心价值观融入农民思想观念的有力抓手。近年来，我国在扎实推进农村文化建设方面取得了一定成就，但随着农民对美好精神生活需求的逐步提高，农村文化建设依然存在诸多困境，亟待寻找破解之道。

第一节　农村文化建设概述

一、农村文化建设的内涵

农村文化具有明显的地方特色，是村民在长期的生活中逐渐形成的价值理念、生活方式、行为准则以及风俗习惯的总和。农村文化与城市文化有较大的不同，其核心是以农村经济为基础的文化。所谓农村文化建设，就是要吸收农村文化中积极的成分，去除其中的封建糟粕，使农村不同形式的文化得到充分发展，进而提升农村精神文化。农村文化建设是新农村建设的重要课题之一，也是乡村振兴战略中一项重要的民生工程。因此，针对我国农村文化建设中存在的制度僵化、文化滞后、消极文化泛滥等问题，应着力推动农村文化的发展，实现农村文化的繁荣与兴盛。

首先要坚持马克思主义的道路和发展方向。当前我国正处于社会主义的初级阶段，要不断深化对马克思主义的理论探索，坚持中国特色社会主义理论的发展方向。加强农村乡风文明建设，全面落实和发展农村文化，加快推动农业农村发展。

其次要发挥我国社会主义核心价值观的统领作用。将社会主义核心价值观与个人、国家和社会有机统一起来，强化对社会主义核心价值观的培养，发扬民族精神、时代精神和创新精神，为实现中华民族的伟大复兴提供精神动力。

最后要强化农民主体作用。在农村文化发展进程中，农民是农村文化建设的主要承担者，也是主要参与者和直接受益者。因而，要充分发扬农民的主动精神和创造精神，引导农民自觉参与到农村文化建设中。

二、农村文化建设遵循的基本原则

农村文化具有塑造、规范和引导村民的作用，能够强化共识、凝聚力量、促进发展。在乡村振兴视域下，建设农村文化应遵循以下三个原则。

（一）注重提质增效

农村文化建设离不开农民、政府以及社会各界力量的全面协调与配合。政府要在政策制定方面给予农村倾斜与支持，完善农村文化基础设施，丰富农民文化活动。社会各领域要维护好农村文化的独特优势，使其免受不良思想的影响。农民要保护好本村的优秀文化基因、文化遗产、风俗习惯等，确保农村优秀的传统文化得到继承与发展。在这个过程中，要注重提升质量和效果，提升农村文化管理水平和公共文化服务水平，做好基础性保障工作。

（二）注重知行合一

在哲学中，知与行是辩证统一的关系，二者相互影响，相互促进。在农村文化建设中，也要遵循知行合一的原则。要从农村的具体实际出发，开展各种文化活动，并深入到农民日常生产生活实践中，体现在农民具体的行动上，让文化建设植根于农民内心。

（三）注重目标与规律相统一

人类的生产实践本身就是有目的性和规划性的活动。人类既要根据自身实际获得相应的物质，又要在遵循客观规律的基础上开展实践活动。在乡村振兴视域下建设乡村文化，需要坚持以社会主义核心价值观为导向，以农民的内心诉求为中心，遵循农村文化发展的基本规律，实现价值目标与内在规律的有机统一。

三、农村文化建设的重大意义

加强农村地区的文化建设，是加快农村经济发展的重要举措，是不断满足农民群众文化需求的现实要求，是提升农村综合实力的重要基础，也是发扬中华优秀传统文化的必由之路。农村文化建设能够激发农村发展的内在动力，提升农村综合性水平，促进农村地区的现代化发展。

（一）促进农村经济发展的重要举措

文化与经济的融合能够极大地推动经济发展。文化产业作为经济领域的新兴朝阳产业，是新的经济增长点，能够提高农村生产力水平，增强农村综合实力。农村有独特而丰富的文化资源，能够展示出农村的地域魅力。通过激发农村文化内在的潜力，将文化与经济有机融合，可以发展农村旅游，让游客感受农村的风土人情。与此同时，也能够优化生产发展模式，促进农村文化产业结构调整，帮助农民脱贫致富，带动农村经济发展，实现农业农村现代化。另外，农村文化建设有助于加快农村深层次改革，改变农民根深蒂固的传统观念和小农经济思想，将新的价值观念融入农民思想，进而改善农民思想观念，提升农民的科学文化素质。精神文化是生产力发展的动力，加强农村文化建设，可以让农民掌握现代科技知识，为实现农业与工业的现代化贡献智慧，进而加快农业和工业的现代化发展进程。

（二）不断满足农民群众文化需求的现实要求

随着社会的发展进步，人们物质生活的极大丰富，人民日益增长的美好生活需要和不平衡不充分的发展之间的矛盾日益正大，农民精神生活的需求也逐渐凸显出来。农民了解外界的渠道更多地依赖于手机、网络，而同质化的娱乐项目限制了农民的思想，这种复杂的现实状况使得农村文化建设愈发紧迫。在乡村振兴背景下，加强农村文化建设对于实现农民全面发展、维护社会的和谐稳定具有重要意义。加强农村文化建设，一方面可以通过在村庄增添新的文化元素，美化农村周边环境，全方位展示农村的精神风貌，以此达到淳朴民风的效果；另一方面通过开展农民喜闻乐见的文化活动增强农民的集体荣誉感。充分发挥文化传播的作用，可以激发农民干事创业的斗志，振奋人心、凝聚力量，改变农民落后的生活观念和传统的生活方式，培育健康文明的新风尚，提升农民的综合素质，推动农村持续稳定发展。

（三）提升农村综合实力的重要基础

加强农村文化建设，可以为农村整体实力的提升奠定良好的基础。实现农村现代化不仅要实现物质现代化，而且要精神的现代化。因此，在农村不仅要大力发展农业，而且要关注农村文化的发展，忽视文化的作用，将会引起较多的社会矛盾，阻碍农村现代化的进程。因而，在农村要积极推进"硬实力"与"软实力"的双向建设。在"软实力"建设上，要更加注重外在与内在的提升。

通过美化农村外部条件，改变农村人居环境，在尊重多样性和统一性的前提下，推动农村风貌的整体改善。通过内在的提升，增强农村的生态及人文的综合实力，进而缩小城乡差距，转变城乡二元结构，实现城乡一体化发展。通过提升农村向心力，增强农村文化产业的内涵，让农业成为奔头的产业，让农民成为向往的职业，让农村成为人人向往的美好家园。

（四）弘扬中华优秀传统文化的必由之路

我国作为一个农业大国，土地对于农民来说有着特殊的意义，土地所孕育的乡土文化也是中华文化的重要组成部分。当今时代，随着工业的快速发展，传统农业受到了明显冲击，农村的经济、社会结构也要被动转型，农村文化的生存土壤逐渐缩小，再加上社会不良风气的影响，使得农村优秀传统文化受到一定威胁。农村文化建设是提升文化软实力的重要体现，也是农村文化得以传承的关键手段。通过完善农村文化基础建设，并结合自身的文化特色不断发展，既能够充实农村文化土壤，让原汁原味的农村生活延续，让农村优秀传统文化重焕新机，又能够借着改革的"东风"，让更多优秀的农村传统文化与时俱进，创新发展。批判继承农村传统文化，挖掘其中的优秀内核，并结合农村具体实际进行创造性转换，可以重塑农村文化自信。可以说，农村文化建设就是弘扬中华传统文化的有力载体。

第二节　我国农村文化建设的现状

改革开放以来，我国社会主义新农村文化建设取得了可喜成绩，农村面貌发生了巨大改变，农民物质文化和精神文化生活得到了质的飞跃。在看到农村文化建设取得成就的同时，也要看到农村文化建设中存在的问题，分析问题产生的原因，进而找到加强农村文化建设的对策。

一、农村文化建设取得的成就

我国农村文化建设也取得了巨大成就，主要表现在农村文化建设逐渐受到重视、思想道德建设成果显著、农村文化基础设施日益完善、农村文化活动日趋丰富、农村文化产业初步发展、人才队伍建设水平日益提高等方面。

（一）农村文化建设受到高度重视

党中央高度重视农村文化建设工作，2015年，党中央提出要强化农村文化建设的目标和任务。在党的十七届六中全会上，党中央将文化建设作为重要议题，对文化战略发展做出了重点部署。党的十八大进一步提出农村文化建设的具体举措，为农村文化发展指明了前进方向。党的二十大强调要坚持农业农村优先发展，加快建设农业强国，扎实推进乡村文化振兴，将文化振兴摆在了农村建设的重要位置。随着"三农"问题的提出，中央出台了一系列重大举措，各种文化项目陆续展开，各部门采取了种种切实举措，提升农村基层的文化建设水平，如中宣部、财政部、文化部等部门联合实施"文化工程""农家书屋工程""村村通工程"等。

（二）思想道德建设成果颇显

加强思想道德建设，以主流价值观塑造农村精神面貌，引领农村发展，是农村文化建设的要义。将社会主义核心价值观融入农村发展、培育提炼农村精神，不能停留在口号上，而是实实在在体现为农村文化精髓，社会效益明显。在浙江省舟山市普陀区蚂蚁岛，农民们弘扬老一代蚂蚁岛人"艰苦创业、敢啃骨头、勇争一流"的蚂蚁岛精神，成为引领当地农民创新创业的精神典范。

（三）农村文化基础设施逐步完善

农村文化基础设施建设通常指县乡村级图书馆和文化站建设、农民文化活动场所和文化活动道具，农民进行文化教育所需的文化设施，比如电视、电脑、教室、无线通信网络、广播电视网络等。近年来，党中央逐渐重视农村文化基础设施建设，并加大财政帮扶力度。全国各地方财政对农村文化建设的拨款总量大幅增加，多用于全国文化信息资源共享工程村级基层服务点的运行维护、组织文化宣传培训活动、补充更新农家书屋书籍、补贴公益农村电影放映、支出行政村开展各类文化活动等。随着新农村建设的推进，市县文化馆和图书馆、乡（镇）综合文化站、村文化活动中心（室）等公共文化设施布局逐渐完善，一些农村社区的文化基础设施不亚于城市社区，同时根据本村特色建起多种文化场馆。完善农村文化基础设施建设，为新农村文化建设创造了平台和场地。

（四）农村文化活动日趋丰富

开展各种形式的农村文化活动，能够为农村文化建设取得良好的群众基础和群众效应，所以农村文化工作者和基层文化组织者要不断更新观念，拓展工作新领域，改变工作定向思维，利用好县、乡、村三级文化主阵地，以乡镇文化站为组织核心，大力发展农村文化大院，汇聚各方文化能人，建立完整的城乡文化工作网络体系，丰富农民的精神生活和文化需求。可以利用农民的农闲时间，开展多种多样的文化活动，比如农民丰收节、民间曲艺大赛、农业技能比拼赛等活动；以"三八妇女节""五一劳动节""端午节"等节日为载体，开展朗诵、歌咏、文艺汇演等群众喜闻乐见的活动，丰富农民的业余生活，增强农村的凝聚力，弘扬中华优秀传统文化。

（五）农村文化产业初步发展

农村文化产业与一般的文化产业有所区别，它通过产业发展的方式，结合当前我国农村发展实际以及今后农村的发展方向，以文化产业带动农村经济发展，增加农民收入，提高农民的生产积极性。文化产业因环境污染小、资源消耗少、开发潜力大、附加值高而被称为"朝阳产业""绿色产业"。当前，农村文化产业主要包含农业文化产业和农村人文文化产业两种形式。农业文化产业主要包括农家乐、农事体验、农业产业园等。农村人文文化产业主要是将民族民间特色文化艺术、文化遗产等具有地方特色和民族特色的历史文化资源开发出来形成的文化产业，如传统手工艺文化产业、民族风俗文化艺术产业、传统美食文化产业等。当前，我国在积极探索一种"生态—观光—人文—体验"为一体的乡村文化保护、利用的模式，利用古村落、科技农业、田园风光、农业生产景观、绿色生态资源等要素，形成集人文、生态为一体的产业发展方向。

（六）人才队伍建设日益受到重视

全国很多地区实现了乡镇（街道）宣传干事专职配备。全面推行文化下派员和文化专管员制度，形成覆盖市、县、镇、村四级宣传文化队伍。乡贤、志愿者深入乡村，成为文化建设的重要力量。不少地方有退休文化干部、学校老师帮助整理村史资料、编写村志、策划文化活动，提升了村文化活动的内涵和层次。尤为可喜的是，民宿经营、创意设计、茶艺培训等文化产业吸引着不少返乡和外地来乡创业的年轻人，他们展示着现代文明的时尚活力，带给乡村的时代生机。

二、农村文化建设存在的问题

目前，我国新农村文化建设滞后的问题仍然客观存在，不容忽视。农村文化建设与城市文化建设相比还存在不少差距。相较于发达的城市，乡村文化相对封闭落后，导致农民失去自信。在科学技术迅猛发展、知识信息更新加速的今天，一些农民因缺少知识，精神空虚、麻木，不思进取，很难通过发挥主观能动性实现勤劳致富，存在"软、懒、散"和"等、靠、要"愚昧思想，对发展农业生产，建设新农村缺乏信心。同时，城市文化的辐射扩散挤压着乡村文化的生存空间，乡村文化难以真正自信起来。

（一）农民的主体性

没有充分发挥农村文化来自于农业的特色、农村的传统、农民的习俗，所以说，农村文化建设，必须坚持"从农民群众中来，到农民群众中去"。当前，全国各地在农村公共文化服务的内容和形式上，开始关注农民的主体性，并展开了相应的改革和创新实践。但在开展过程中，还存在不少难题。首先是农村文化建设的主体缺失。随着农村人口的大量流动，农村出现空心化现象，这使得农村文化建设缺乏足够的主体，农民的主体作用也得不到全面发挥。然后是模式化明显，缺乏针对性。在政策的落实推进中，一些部门为了提高工作效率，模式化较为明显，在与群众文化需求的结合上存在落差。其次是侧重硬文化，缺乏特色性。农村文化建设以硬件设施建设为主，对软文化的培育较少，使得农村文化发展缺乏个性。最后是侧重形式化，实效性较弱。文化设施的运营管理与最初的设想存在差距，在后期的维护方面缺乏深入研究。这些都导致农村公共文化服务水平与群众的精神文化需求结合度不高，"共建共享"的文化服务机制还没有真正形成。

（二）农村文化建设的人才队伍不足

在乡村振兴背景下，农民对公共文化服务的内容与需求呈现出个性化、多样化的特点，再加上农村文化工作者队伍结构不合理，这使得农村文化工作者难以适应当前农村文化发展的需要。一是文化工作人员存在"在编不在岗"现象。由于人员和编制不对等，导致文化工作人员数量不足。一些乡镇文化站工作人员有的在编不在岗，有的身兼数职，无法专门从事文化工作。二是专职文化工作人员较少。各行政村几乎没有专职文化工作人员，文化工作人员多是由其他村干部兼任，业务能力和专业技能水平有限，无法满足文化工作的正常运行。另外，从事文化工作的人员整体素质待提高，文化工作人员普遍是大专学历，中级以上职称占比较少。这主要是由于文化站职称评聘渠道不畅通，中级和高级职称指标较少，基层专业技术岗位也较少，文化专干职称评定难。三是农村文化建设人才匮乏。很多农村青年大都拥向城市，外加农村待遇较差，人才招聘难度较大。另外，基层对乡土文化人才、农技专家等人才缺乏奖励机制，这些都使得农村缺乏高素质人才。

（三）农村文化治理机制不完善

农村文化机构以及相关的体制机制不健全，文化管理机构设置不合理，职能部门权责不清等问题，使农村文化管理存在严重缺位，阻碍了农村文化繁荣发展的进程。当前，我国农村文化建设多数是采取由政府主导的自上而下的实施路径，这种发展模式弱化了农民的主体地位，忽略了农民表达的诉求。我国绝大多数的农村文化站以及文化活动室等都是实行属地管理制度，主要由各地乡镇、行政村直接进行管理，县级文化主管部门及相关业务单位对文化站及文化活动室只有业务上的指导关系，这样不利于农村公共文化服务职能的有效发挥。另外，部分基层文化部门存在交叉管理业务，这就使得部门之间分工不明确，在具体工作开展中，由于缺乏统筹规划，农村文化建设难以达到预期的效果。不仅没有形成多部门的合力，反而造成了多头管理，影响了农村文化建设的进程。

（四）农村文化产业发展水平不高

农村文化发展相对滞后具体表现在以下几个方面。一是农村文化与经济没有融合，文化"催化剂"的作用没有得到充分发挥。二是还没有形成农村特色的文化产业，农村文化产业培育较慢。三是农民的文化素质难以适应时代发展的需求，依然存在"富口袋、穷脑袋"现象。这些在发展过程中出现的阶段性问题，也进一步说明了今后农业农村发展的方向必然是加快农村文化培育和发展，将农村文化融入美丽乡村建设中。

（五）农民思想认识水平较低

农村文化建设能否高质量发展很大程度上受农民文化素质和公共文化服务水平的影响。但就目前来看，我国农村青壮年大都选择外出经商打工，留守的通常是一些老人和儿童，还有部分从事农业、手工业的农民。受农村长期以来形成的习惯影响，这些人的文明素养较差，业余文化娱乐方式较单一，通常是看电视、聊天、打麻将等，甚至有聚众赌博等不良陋习。这些陈规陋习成为新农村文化建设的桎梏。另外，部分村民思维固化，了解新事物、学习新技术的能力较弱，很多村民对电脑、智能手机等硬件设备及网络平台的使用不熟悉，甚至有的村民不会使用智能手机，农民文化水平制约着信息化建设。农民参与文化活动的热情有限，很多文艺活动较难开展。

（六）农村公共文化服务不到位

解决农村精神文化建设问题，实现乡村文化振兴，最重要的是提升农村公共文化服务水平。农村公共文化服务包含文化教育、文化产业、文化供给等多个领域，做好农村公共文化服务工作能够有效提升农村文化建设质量。受人力、物力、财力等多方面因素的制约，我国农村地区公共文化服务建设还存在诸多问题。一是农村公共文化建设资金投入不足。乡村振兴战略下，我国农村地区经济发展需要大量资金，经济指标压力增大。而地方政府过于强调经济建设，无暇顾及文化事业的发展，造成部分农村地区文化设施建设不完善，文化产品类型单一，文化体系建设缺乏活力。二是农村公共文化服务供给存在短板。政府在公共文化服务供给方面通常是单向度的确定农村公共文化的数量、内容、质量、种类及标准，文化组织和文化企业参与供给的空间较小。这种行政性的供给模式往往导致在实际操作中按照政府需求而不是农村居民需要提供文化服务。由于按照政府的标准开展的公共文化活动不能够满足农民的文化需求，使得大部分农民对文化服务内容缺乏兴趣，这就造成了文化活动开展的质量和层次不高，影响了农村公共文化服务的有效提升。三是农民活动的公共空间正在逐渐萎缩。场馆设置了不少，但使用率不高，闲置率较低。不少地方文化室、图书室、广播室、篮球场形同虚设，没有被用来开展文化活动。这不仅不能真正发挥文化育人的功能，与"文化惠民"政策存在较大差距，而且造成公共资源的浪费，严重阻碍了农民群众文化活动的正常开展。

三、农村文化建设存在问题的原因分析

我国"三农"问题突出，呈现出复杂多变的特点。这使得我国新农村文化建设存在各种问题，本书主要从以下三个方面阐述出现问题的原因。

（一）我国"三农"问题具有复杂性

我国是一个以农业为主的国家，长期以来，农村特殊的自然环境、历史文化、社会经济、民族状况等多种因素，使得"三农"问题呈现出长期性、复杂性和特殊性，这在一定程度上影响了新农村文化建设的发展进程。

一是农村发展问题。主要反映在农村经济落后，农民收入来源主要靠务农，农村社会分工较为单一，农村社会发展缓慢，农民生活单调，缺乏生机活力。当前全国有 7000 多万刚脱贫人口，尤其是在广大西部农村，发展问题更加突出。

二是农村民族问题。我国是一个多民族的国家，其中少数民族约 1 亿多人，主要集中在广西、贵州、云南、新疆、西藏、青海等地，这些地区的少数民族人口占到全国少数民族人口的 50% 以上。在少数民族聚居的村落，各民族形成了具有本民族特色的风俗习惯、民族服饰、宗教信仰等。因此，在农村文化建设中就要求我们在处理民族问题时，要结合民族地区的具体实际开展工作。

三是农村剩余劳动力问题。随着工业化进程的加快，农村出现部分剩余劳动力。这部分农民文化水平不高、自我发展和自我生存的能力较弱，容易受到社会不良风气的影响，影响农村社会的和谐稳定。

（二）我国农村教育相对滞后

近些年，我国农村教育状况得到一定改善，但与城市教育相比还有很大发

展空间。虽然国家重视农村教育的发展，一些农村学校配备了较好的教学硬件和软件设施，但还存在部分经济较差的农村教学设施更新缓慢，不能满足现代化素质教育的需求。另外，农村师资力量相对薄弱。农村工作环境、福利待遇较差，晋升空间小，难以吸引高素质的教师加入到农村教育的队伍中。部分地方职业教育学校的办学条件差，再加上职业学校专业设置的针对性不强，没有设置一些实用性强的农业课程，使得农村职业教育发展缓慢。提升农村教育水平，能够有效提升农村人口的文化素质，推进我国新农村文化建设。

（三）城乡二元体制导致城乡文化发展失衡

城乡对立的二元结构指的是落后的农村与发达的城市、落后的农业与先进的工业之间的对立。在文化建设中，国家通常将文化建设重点放在城市，以缓解公共资源紧张的局面，这也在一定程度上拉大了城乡文化发展的差距。为减小城乡文化发展差距，国家提出统筹发展战略，并划拨专项财政预算和资金，用于新农村文化建设的投入，同时借鉴城市文化发展经验，带动农村文化的发展，促进城乡文化均衡发展。

第三节　加强和改进我国农村文化建设的对策

针对当前存在的"三农"问题，我国提出了实施统筹城乡发展战略的决策。本节主要从破解城乡二元文化结构、加大资金支持力度、强化组织统一领导、开发特色文化资源、提高农村教育质量等方面展开探索与思考。

一、破解城乡二元文化结构

实现城乡发展一体化是解决二元文化结构的关键，也就是"要打破城乡分割、分离、分立的状态，从经济、社会、政治、文化、生态五方面缩小城乡差距、推进城乡融合、促进城乡共同发展"。①

---

① 吴丰华，白永秀. 城乡发展一体化：战略特征、战略内容、战略目标 [J]. 学术月刊，2013，(04)：86-94.

（一）推进城乡文化互融共建

要推进城乡互融共建，实现文化一体化。一是要加大对农村文化基础设施等方面的投入，结合农村的具体特点，不断配齐村级文化中心站、农村图书馆、农家书屋等公共文化基础设施，并做好后期的运营维护工作。完善城乡文化管理制度、统一管理标准，制定农村图书馆管理制度、农村基层文化工作者管理制度、农家书屋借阅制度、村级文化中心站服务制度等，推进城乡文化互融共建制度，保证城乡文化一体化的实现。二是要完善城乡文化共享体系。全面推进农村文化的硬件和软件建设，提升公共文化服务水平。既要对农民进行思想政治教育，又要在农村文化建设中涵盖农业知识技能、农村时事政策、医疗卫生服务等各种文化建设活动，完善惠民工程建设。

（二）实现城乡文化共创共享

城乡居民既是文化建设的受益者，也是文化的创造者和建设者。因此，在农村文化建设中，要站在人民大众的立场上，深入基层了解群众的文化需求，让文化工程实实在在地为人民服务。另外，要认识到城乡居民的主体作用，充分发挥其创造性。引导城乡居民共同参与文化建设，创造出城乡居民喜闻乐见的文化活动。让农村和城市居民积极参与到文化活动中，在活动中增进农村和城市居民的文化交流与情感互动，推动城乡文化共同发展，同步提高，基本实现城乡文化服务均等化。

（三）形成城乡文化双向传播

城乡一体化是经济、文化、政治、生态等的一体化。所谓城乡文化一体化，指的是将城乡二元文化结构转化为城乡文化协同发展，将自然经济文化、计划经济文化以及低层次的市场经济文化转化为现代市场经济文化，包括城乡理念观念一体化、城乡行为方式一体化、城乡生活方式一体化等内容。新农村文化建设，实际上就是树立现代城乡理念。淘汰农村封闭保守、消极落后的观念，将城市的开放进取、创新突破的新思想引入到农村，将城市居民的生活方式和价值理念影响到农村，将农村朴实的"人文关怀""尽善尽美"等精神带到城市，促进城乡文化的双向传播。建立健全以城带乡的长效合作机制，形成合力，全面推进城乡文化发展一体化。

二、加大资金支持力度

加大对农村的资金支持是统筹城乡发展的另一个关键点。稳定的资金投入能够为新农村文化建设提供物质保证。要努力建立以政府投入为主、社会力量积极参与的资金投入机制。

（一）加大政府的财政投入力度

新农村文化建设离不开以政府为主的财政投入。一是各级政府要尽快建立健全公共财政制度，调整财政支出结构，加大在教育、医疗、卫生、公共基础设施等涉及民生问题的公共服务领域的资金投入力度，在财政支出方面进行转型。另外，中央财政要扩大对农村财政支持的范围，逐渐完善农村文化基础设施和文化活动场所建设。中央财政还要实现公共服务均等化，尽可能减少由各地区文化发展不平衡、文化建设状况参差不齐引发的财政投入不对等现象。二是政府要加强深入农村调研，通过考察走访，掌握不同农村地区农民对文化设施建设的真实需求。

（二）建立专项资金管理制度

新农村文化建设需要强大的物质保障，应当加大对中央和地方的专项财政支持，尤其是农村文化重点建设项目的专项补贴和专项扶贫资金。2013年4月，财政部印发了《中央补助地方农村文化建设专项资金管理暂行办法》的通知，为了保障基层农村群众基本文化权益，支持农村文化事业发展，中央设立专项资金用于农村公共文化事业发展，此专项资金包含补助资金和奖励资金两项。关于乡镇文化基础设施建设和采购设备、大力支持农村文艺创作和农民文化体育活动等，该暂行管理办法中提到设立农村文化事业专项资金。为防止挪用农村文化建设资金的情况，在实行"专款专用"的同时，要保证专项资金的投入和使用过程透明，在基层群众有效监督下，让专项资金最大限度地落实到基层，用于农村文化建设。

（三）完善社会民间资金投入机制

新农村文化建设资金不能把政府的财政投入作为唯一来源。在吸引资金上可以拓宽投入渠道，实行多元化投资，通过财政政策或者改革补偿、补贴机制，来带动社会民间资金投入。第一，在农村文化建设事业上发挥政策优势，鼓励民间资金投入建设农村文化站、图书室等基础设施建设，对投资捐助农村公益性文化活动的社会企业实行减税等优惠政策，奖励作出杰出贡献的单位及个人。第二，发挥福利彩票公益基金的作用。福利彩票公益基金是社会保障事业和专项公益事业的主要来源，对农村文化建设公益事业的投资较少，应加大对于农村文化事业的资金投入比例，帮助解决具有实际困难的农村问题。第三，发挥地方特色，将资源转变为产业，吸引外来资金投入，发展地方特色餐饮、旅游等领域，增加农民的收入来源，推动农村文化建设事业发展，为建设宜居宜业的和美乡村贡献力量。

三、强化组织统一领导

新农村文化建设应加强组织领导，基层党组织对新农村文化建设领导是必不可少的，要持续完善工作管理和监督考核机制，不断引进新农村文化建设所需的专业人才。

（一）发挥基层党组织的领导作用

中国共产党是中华优秀传统文化的忠实传承者和弘扬者，也是中国先进文化的积极倡导者和发展者。基层党组织在新农村文化建设上要发挥领导作用，积极推动社会主义核心价值观在农村传播，提升丰富农民的精神文化世界，增强农民的民族自豪感和凝聚力。第一，基层党组织要不断推进新农村文化建设，强化党员队伍，发挥党组织主导作用。通过一些典型事件加强文化建设宣传，让农民真正认识到其主体作用，自觉创建和美农村，把社会主义核心价值观融入农村发展中。第二，基层党组织的文化工作要走近群众，深入群众。以"为人民服务"为中心，坚持"从群众中来到群众中去"的群众路线，基层文化组织者既要扩大与外界的广泛联系，又要深入农村基层情况了解农村实际，以大众化、通俗化的方式开展文化宣传。第三，加强基层党组织先进性建设。当前部分基层党组织在先进性建设方面仍存在问题，一些基层干部文化水平较低，素质不高，解决问题能力不强。支部"弱化""沙化"等现象依然存在，与基层民主政治建设存在很大差距。

（二）建立完善农村文化工作监督考核机制

新农村文化建设是一项重要的战略性任务，以提升整个农村社会的文明程度为目的，绝不是简单建设一些公共文化基础设施、开展几次基层文化汇演就能实现的。新农村文化建设需要社会各界力量广泛参与、通力协作、共同支持，有效调动广大农民投入其中。各级政府与相关部门也要加强联动，明确组织分工，制订切实可行的农村文化建设规划，成立工作领导小组，明确各部门职责和任务，定期督察和指导农村文化各项工作的开展情况。另外，要建立健全农村文化建设的综合评价指标体系，摒弃"重经济、轻文化"的传统观念。

（三）扩大新农村文化建设人才队伍

要加强农村文化人才队伍建设，打造一支业务能力强、文化素质高的文化工作队伍，充分调动农村人才的积极性和创造性。一是建立健全农村文化人才队伍选拔机制。拓宽选拔用人渠道，坚持"本土和外来"相结合。可以从农村挖掘"农业达人"，这些人了解农村发展实际，是农村养得起、留得住、用得上的人才。可以凭借他们丰富的农业生产和经营经验，带领广大农民发家致富，繁荣农村经济。另外可以吸引高校毕业生、专家学者等外来人才到农村发展。鼓励大学毕业生到农村基层提供文化志愿服务或者支教任职，充实基层文化队伍；引进专家学者到农村开展文化知识讲座，为农村文化建设提供智力支持。二是完善农村文化人才激励机制。要努力留住农村文化人才，改善农村人才的生活和工作条件，改善他们的待遇，解决编制问题。政府应设立农村工作专项资金，划拨部分资金用于激励和表彰作出杰出贡献的文化工作者，并且为农村文化工作者搭建参政议政平台，凝聚和稳定农村优秀文化人才。

四、开发特色文化资源

我国农村地区文化资源丰富，要充分挖掘并利用好这些文化资源，发展文化产业，为农村社会发展奠定良好的基础。

（一）明确文化资源开发的方向

结合我国农村文化资源的特点，可以从以下三个方面进行开发。一是开发农村文化旅游资源。我国农村地区有众多别具风格的历史遗迹和民俗传统,如丽江古城、楼兰遗址、茶马古道、傣族的泼水节等,开发这些原生态的文化景观,发展农村文化旅游,既能有效保护文化遗址和文化习俗,又能拉动农村地区经济文化发展。二是开发利用民间技艺。农村地区有各具特色的民族舞蹈、民族歌曲、民间技艺等表演艺术形式,通过这些表演艺术生动展现了农村现实生活、农民精神风貌。深入挖掘这些民间文化艺术,并邀请当地能工巧匠和文化能人,进行再创作,通过舞台和表演的形式传递当地的古风古貌地方特色和民族特色。三是重视文化再造。开发生态农业和绿色农业,打造集观光、旅游、休闲、健身于一体的新型农业新业态,形成农村旅游的新的增长点。

(二)确立农村文化产业发展战略

农村文化产业前景广阔,要结合农村地域特点发展农村文化产业。一是建立健全农村文化产业发展机制,评估文化产业的效益,推动招商引资,增加公共投资和商业投资比重,吸引社会各界成功人士、知名企业介入农村文化领域,拓宽农村文化产业投资渠道。二是发挥市场优势发展农村文化产业。在文化产业发展过程中,坚持市场导向,让市场调配文化产业的开发、管理和经营,满足农民不同的文化需求,让农村文化产业发展充满生机与活力。

(三)加强对农村文化资源的开发与保护

要持续开发农村文化资源,在这个过程中坚持开发和保护相结合的原则。比如民间文艺表演和非物质文化遗产,要做好文化的传承和保护。对一些濒临消亡的民间技艺、风俗习惯更要及时整理和抢救,并进行有效的宣传和保护,使优秀的文化资源能够得到传承和发展。

五、提高农村教育质量

教育是关乎国家前途命运的发展大计,而农村教育事业的发展程度则直接关系到农村现代化的实现。因此,要加强农村基础教育、农村职业教育、农民思想品德教育,提高农民整体素质,实现农村经济、社会和文化的高质量发展。

（一）强化农村基础教育，提高农民整体素质

农村基础教育是我国新农村文化建设的重要组成部分，要优先发展好农村基础教育事业。一是引进一批高素质的教师队伍，提高农村教学质量。组织农村教师定期定岗培训，加强教师的继续教育学习，鼓励和支持教师提升学历层次；开展教师技能大赛，提升教师的教学能力和水平。二是优化农村教学资源。完善农村学校基础设施建设，加大对农村学校教室、图书馆、远程教育等的投入力度。三是缩小城乡教学差距，共享教学资源。建立城乡一体化的义务教育发展机制；国家要在财政拨款、学校建设、教师配置等方面向农村地区倾斜，实现城乡教育均等化。

（二）加强农村职业教育，培养新型职业农民

利用农村学校的教师资源和教学设施，设立专项职业教育资金，用于支持农民职业教育建设。在农闲时为农民开展专业知识和职业技能培训，以学习现代市场经济知识、市场经营管理理念为核心内容，培养懂得农村市场运作、农业生产、建设、管理、服务等综合性农业技术人才。同时，鼓励社会各种力量支援农村职业教育，为新农村培育知识型、技能型、专业型农民，助力乡村文化振兴。

第五章
坚持正确价值导向，引领乡村文化振兴

　　人民有信仰，民族有希望，国家有力量。党的十八大以来，以习近平同志为核心的党中央围绕深化精神文明建设作出了一系列重要部署，为我们做好新时代精神文明工作提供了指导思想。党的二十大提出"建设宜居宜业的和美农村"，农村"和美"关键是精神面貌，打造具有乡土气息和乡土精神的新农村。推进新农村文化建设的主体是农民，而农民价值观念受到现代化和城镇化的影响，导致农村凝聚力偏弱，农民亟须提升精神风貌。《乡村振兴战略规划（2018—2022年）》指出："持续推进农村精神文明建设，提升农民精神风貌，倡导科学文明生活，不断提高乡村社会文明程度。"[①]乡村振兴战略下以美丽乡村建设为主题，同时发挥马克思主义文化观的指导和社会主义核心价值观的引领作用，加强深化农村精神文明建设，对提高农民文明素质和农村社会文明程度具有重要意义。

---

① 中共中央国务院. 乡村振兴战略规划（2018—2022年）[M]. 北京：人民出版社，2018. 10.

第一节 社会主义核心价值体系是乡村文化振兴之本

任何社会都有自己的价值体系，核心价值体系是社会上占主导地位的价值观念的总和，是社会成员用以调整社会生活和社会行为的一系列价值规范和准则的总和。社会主义核心价值体系是社会主义的一种意识形态，具有深厚的内涵，涵盖了马克思主义指导思想、中国特色社会主义共同理想、以爱国主义为核心的民族精神和以改革创新为核心的时代精神、以"八荣八耻"为主要内容的社会主义荣辱观等思想内容。党的二十大明确提出要深入开展社会主义核心价值观宣传教育、广泛传播和践行社会主义核心价值观，这为推进乡村振兴指明了方向。社会主义核心价值观作为中国特色社会主义文化中的重要组成部分，代表了中国先进文化的前进方向，凝结着中国人民共同的价值追求，它所追求的价值目标与乡村文化振兴的战略目标有一定的相通之处。要不断加强农村社会主义核心价值观的培育和弘扬，从思想和行动上解放农民，激发农民自我发展的意识和追求美好农村生活的向往。要不断发挥社会主义核心价值观的引领作用，保障和促进乡村文化振兴。

一、社会主义核心价值观为乡村文化振兴提供思想基础

人的世界观、价值观和人生观会随着社会的巨大变革而改变。社会主义核心价值观是中国特色社会主义先进文化，是新时期主流的价值观，在文化层面处于统领核心地位。在乡村意识形态工作中，社会主义核心价值观起着精神纽带和方向盘的作用，能够指引乡村文化振兴的前进方向，也是乡村文化振兴的价值目标所在。文化的本质就是输出价值观，从某种意义上说，社会主义核心价值观实际上就是从国家、集体和个人层面对其提出了价值目标，这集中体现了中国特色社会主义事业的发展要求。社会主义核心价值观是整个价值体系的重点，以社会主义核心价值观引领乡村文化振兴，是符合新时代发展要求的必然选择。此外，社会主义核心价值观既体现了马克思主义的共性，又突出了中国特色社会主义的个性，既是对中华优秀传统文化的弘扬，又是对新时代文化

特色的彰显。运用社会主义核心价值观，发挥其感召力和凝聚力，可以为乡村文化振兴做好思想保障。

二、社会主义核心价值观为乡村文化振兴提供精神动力

马克思认为人与动物最大的区别就是人能够有意识地从事生命活动。这种有意识使得人们能够认识到自我的发展需求，并且产生实践的动力，进而为之付出实践。新时期我国的发展需求是实现乡村振兴，而文化振兴是乡村振兴的一部分。社会主义核心价值观指明了要建设什么样的国家、形成什么样的社会氛围、培育什么样的公民。社会主义核心价值观能够转化成精神力量。正如马克思强调的，"批判的武器当然不能代替武器的批判。物质力量只能用物质力量来摧毁。但是，理论一经掌握群众，也会变成物质力量"。也就是说，社会主义核心价值观是由无数精神动力相互交融、相互影响、相互作用的产物，是一种整合性的力量，它区别于无数个体精神动力随机相加而成的力量，能够极大地推动社会实践。

三、社会主义核心价值观为乡村文化振兴提供行动指南

乡村文化振兴的具体目标与社会主义核心价值观提倡的内涵具有内在的一致性，以社会主义核心价值观引领乡村文化振兴，能够为实现乡村文化振兴目标提供理论依据和精神支撑，使得文化振兴不偏离其发展方向。第一，社会主义核心价值观在国家层面体现为"富强、民主、文明、和谐"，而乡村文化振兴宏观目标的构建首先要以国家层面的价值体现为根本遵循。国家层面的价值倡导与乡村文化振兴的总体目标是高度契合的，体现了国家发展目标与乡村振兴目标的有机统一。国家提出的"富强、民主、文明、和谐"的目标，既是我国农村文化建设战略思想的丰富和发展，又是乡村文化振兴实践的新要求和新举措。第二，社会主义核心价值观在社会层面提出了"自由、平等、公正、法治"的价值目标，在个人层面提出了"爱国、敬业、诚信、友善"的价值目标，乡村文化振兴微观目标的构建要以社会主义核心价值观在个人和社会层面的价值要求为基本导向。第三，实践是检验真理的唯一标准，要把社会主义核心价值

观真正融入到农民的日常实践中，引导农民正确认识和处理个人与社会、国家的关系，以社会主义核心价值观作为行动指南，指导农民树立自信自觉，提升农民的整体素质，让农村精神、农村力量成为中国发展的助推力。

四、以社会主义核心价值观引领农村文化工作

深入农村开展社会主义核心价值观宣传教育，让社会主义核心价值观进农村，通过开展基层宣讲、教育实践、职业培训等活动，营造价值观的学习氛围。将乡土文化、法制道德等与价值观相融合，实现价值观在乡村的日常化、具体化、法制化、生活化，充分发挥精神文化产品育人化人功能，引导农民坚定理想信念。一方面，要密切联系农村生产生活实际和农民群众思想实际，找准工作载体，深化文明素质教育，加强移风易俗宣传和舆论监督，发挥文艺作品敦风化俗的作用，培育新型农民、优良家风、文明乡风和新乡贤文化，推动乡风民风美起来；另一方面，要充分发挥群众精神文明创建活动，改造社会的重要作用，依托文明村镇创建形成鲜明导向，依托传统节日弘扬文明风尚，依托重点人群抓好示范带动，让文明新风融入农村生产生活的各个方面。此外，还要大力推动农村文化繁荣发展，加快构建农村公共文化服务体系，落实农村文化惠民工程，把农民群众的基本文化权益实现好、维护好、发展好。

第二节 农村社会主义核心价值观的培育载体

由于农村发展水平、农民文化程度等因素的影响，农村社会主义核心价值观的培育和践行载体，更具有其特色与特殊性。做好农村社会主义核心价值观的培育，不能"完全说些城里的东西，不合农村的需要"[①]，也不能完全照搬别人的试验成果，不顾"水土不服"。创新农村社会主义核心价值观的培育和践行载体，就是要因地制宜，立足本地实际，贴近农村生活，满足农民需要，体现民族特色。本节主要从活动载体、管理载体、传播载体、物质载体几个方面来阐述农村社会主义核心价值观的培育和践行。

---

① 毛泽东. 毛泽东选集第一卷 第 2 版 [M]. 北京：人民出版社，1991.

一、活动载体：群众文化活动

社会主义核心价值观培育的出发点和落脚点就是将人民群众内在的价值追求转化为相应的自觉行动，因此，要充分运用农村特有的本土文化土壤，开展丰富多彩的群众文化活动，让社会主义核心价值观真正在农村落地生根。

（一）传承优秀传统文化

群众文化活动是农村培育和践行社会主义核心价值观的重要载体，它以农村传统文化为基础，并结合了现代文化的创新元素。我国农村各民族在长期的生产生活实践中形成的各种符合本民族特征的民间体育赛事、节日庆典、民间风俗等活动，具有特定的时间节点，特定的礼仪仪式和象征意蕴，是农村各民族立足于农耕文明发展起来的文化形态，凝结了本民族的精神气质与思想文化内核，体现了民族艺术价值，既展现了"仁义礼智信"的价值理念，又发扬了"尊老爱幼、民族团结、爱家爱国"等精神，与社会主义核心价值观高度契合。农村群众文化活动运用本土的文化表达方式呈现出来，更加符合农村本地的风俗习惯和价值观念，贴近农民的生产生活实际，更能调动农民情感上的共鸣和心理上的认知，让群众接受与认可。当前，一些广为流传的农村文化活动，受历史环境、社会变迁等因素影响，逐步被淡出农民的生活圈，濒临衰落。政府应制定相关开发与保护的政策性文件，开展农村传统文化活动的开发与保护工作，进一步弘扬中国优秀传统文化，将优秀传统文化融入现代化的文明之中。

（二）批判继承现代文化

随着现代化进程的加剧，群众文化活动也深受现代文化的影响。现代文化中有需要借鉴学习的精华，也有需要摒弃的糟粕，我们要用科学的眼光进行辨别，针对性地吸收和扬弃。针对农村文化活动发展不充分的问题，要结合农民的正向需求，进一步丰富农民群众文化活动，提升先进文化的引领力，抵御不良文化的侵袭，让社会主义先进文化占领农村意识形态文化主阵地。一是开展志愿服务活动，招募社会志愿工作者下基层、进农村，开展文化惠民、理论宣讲、技术扶持等多种形式的志愿活动，让"文明、和谐、友爱"的社会主义核心价值观感染民众，让先进思想不断在农村传递。二是开展精神文明创建活动。

在农村广泛开展"道德模范""最美村庄""文明家庭"等评选活动，积极宣传正能量、塑造良好家风，树立典型示范。另外，组建农民志愿服务队伍，帮扶本村孤寡老人、妇幼儿童、贫困群众等弱势群体，用实际行动践行社会主义核心价值观，培育良好的农村社会风气。

二、管理载体：乡村治理

运用管理手段、管理内容等开展教育，以提高人们的思想道德素质，规范人们的行为，调动人们的学习和工作的积极性。将社会主义核心价值观融入乡村治理与法治建设中，可以增强文化的渗透力，为社会主义核心价值观的培育和践行提供有力保障。

（一）加强基层党组织建设

在农村培育社会主义核心价值观，要坚持党建引领，构建以党的领导为核心、乡镇党组织为引导、农村村委会及农民共同参与的社会主义核心价值观培育组织体系。基层党组织是党和国家在农村的"代理人"，是培育农民社会主义核心价值观的基础力量，也是连接政府与农民的重要环节。尤其是村支委，他们是乡村治理的主心骨，能够动员、号召农民参与农村建设并做好资源调配，代表着党的形象，是传播党的思想、执政理念的重要窗口。社会主义核心价值观的宣传与推动基层党员干部的能力素质有着直接的关系，社会主义核心价值观的培育和践行，需要党员干部率先垂范。基层党员干部要认真学习和领会社会主义核心价值观的基本要义，做到先学真学、真懂真用，自觉做社会主义核心价值观的传播者和践行者，增强同人民群众的血肉联系，深入群众开展调研，了解群众的所盼所急，将社会主义核心价值观贯穿于乡村治理的实际工作中。

（二）强化农村制度建设

社会制度是一种外在的强制力量，具有一定的权威性与客观性。制度能够在一定程度上规范和引导人们的价值观念。长此以往，就会影响人的行为习惯，甚至内化为个人的自我价值取向。因此，要建立以社会主义核心价值观为指导的乡村治理模式，构建自治、法治、德治相结合的现代治理体系。一是完善以社会主义核心价值观为指引的农村法律法规体系，将富强、民主、文明、和谐、自由、平等、公正、法治、爱国、敬业、诚信、友善的深刻内涵贯穿其中，用法律的权威来增强人们的自觉性。二是完善农村社会保障，健全农村公共文化服务体系，提升文化服务的水平，满足农民精神文化方面的美好需求。只有不断加强农民的物质保障，才能激发农民发自内心对社会主义核心价值观的认同。

三、传播载体：大众传媒与网络新媒体

通常情况下，将主流价值观内化为个人的观念或信仰，一方面要靠家庭、学校、党政、社会群体等组织，另一方面要借助大众传媒与网络媒介。信息技术的飞速发展给农民带来了现代化的转变，农民的思维方式、价值观念、处事态度、生活方式等也呈现出多样化的发展特征。要牢牢把握农村的意识形态主阵地，培育好农民的社会主义核心价值观，就要充分发挥传统大众传媒与现代网络新媒体的宣传优势，将深奥的理论用农民通俗易懂的话语体系表达出来、传播出去，从城镇辐射到乡村，再深入到山区，从国家自上而下的理论宣讲拓展至农民自发自觉的主动宣传。

（一）大众传媒与网络新媒体共同发力

当前农村文化主要的供给方式是大众传媒，大众传媒主要指借助传统的电视、电话、广播、期刊和图书等形式传播信息的载体，具有信息量大，覆盖面广、影响力强的特点。随着信息技术的跨越式发展，网络新媒体逐渐成为文化传播的主流形式，它呈现出的丰富的内容、立体的画面更能吸引人们的视觉，成为社会主义核心价值观解读与传播的新方式。当前很多农村地区已经实现了互联网全覆盖，微博、微信、QQ、论坛等社交平台丰富了人们沟通交流的渠道，快手、抖音等各种自媒体平台为农民搭建了接触新鲜事物的窗口，不论是社交平台、自媒体还是其他网络空间，都是新时代农村社会主义核心价值观培育的新兴载体。各地方政府应借助网络平台，通过建设地方手机报、新闻网，开通微信微博公众号等渠道，及时上传更新弘扬社会主义核心价值观的新闻热点、图片动画，鼓励农民运用自媒体传播身边的正能量，将自上而下简单"灌输"的教育方式转变为农民主动自觉的学习和传播途径，将科学的价值观念融入形象

生动的网络作品创作中，让农民通过自我设计、剪辑，以朴实、接地气的视角引导人们学习、理解、接受和践行社会主义核心价值观，提高社会主义核心价值观宣传的吸引力和感染力。

（二）创新社会主义核心价值观的传播话语体系

社会主义核心价值观要获得农民的普遍认同与接受，就必须贴近农民的生产生活，转换传播的话语体系，使枯燥的理论通俗化、生活化。尤其是在一些落后的农村，地方方言较浓厚，农民文化水平较低，认知水平也不高，这就需要我们用通俗的表达方式来诠释社会主义核心价值观的内涵。通过将社会主义核心价值观的丰富内涵由"普通话"转化为"地方方言"，将"政治大理论"转化为"民间小故事"，将"专有名词"转化为农民群众听得懂愿意听的"大白话""大实话"，由说教式改为聊天式的对话，深入浅出、循序渐进，这样才能触及心灵，渗透到老百姓的生活日常、思想观念中，让农民群众认识到社会主义核心价值观并非他们遥不可及的"高大上"的理论体系，而是他们生活中点点滴滴实践经验的积累与凝结。只有从农民的相关情感体验入手，从农民的生活经验和知识结构出发，将社会主义核心价值观落小落细，使其与农民的日常生活结合起来，积极寻找社会主义核心价值观与农民群众的情感交集，才能使广大农民群众产生情感共鸣，使社会主义核心价值观更具针对性与亲和力，从而更易获得民众的理解与认同。

四、物质载体：农村经济产业

价值观属于上层建筑的内容，需要经济基础作为物质支撑。而经济产业是农村社会主义核心价值观培育和践行的物质载体，也是推进农村现代化的原动力。鼓励农民开发农村产业，既有利于发展农村经济，增加农民收入，而且能够促使农民在现代产业劳动实践中更新观念，主动吸收现代化的管理理念，在劳动实践中追求高层次的精神需求。在广阔的农村，培育农业现代产业体系，缩小农业农村发展不充分和城乡发展不平衡的差距，能够让社会主义核心价值观真正地在农村落地生根。产业振兴，要有良好的创业环境和行业带头人。可以激发农村乡贤的力量，鼓励他们带头参与地方经济发展，政府要在资源配置、科技帮扶、资金投入等方面给予政策扶持，推动农村经济产业发展。在我国农村地区，有很多农村都有其独特之处，不同地理位置形成的资源优势也不相同，要充分发挥农村特色，打造"一村一景点"的产业链。在少数民族较多的农村地区，可以将本土文化与自然资源相结合，拓宽"文化+""互联网+"等发展渠道，开发休闲农庄、生态养殖、红色旅游、乡村民宿、农产品电商等多种绿色产业。另外，农民在主营和参与新产业、新业态的过程中，体验到了科技兴农、产业联动、体制创新等现代产业发展的新方式。农村人与生态自然和谐相处的思想观念得到进一步更新，主人翁意识不断增强。农民的集体观念得到改善，不再只考虑个人利益的得失，更关注国家发展，注重思想道德水平、科学文化知识等综合素质的提高，不断在实践中增强对社会主义核心价值观的理解与认同。

第三节 社会主义核心价值观融入新农村建设的路径

广大农村培育和践行社会主义核心价值观，可以提升农民的思想境界，促使其转变思想观念，发现其存在的价值，进而实现农民的品格重塑、促进农村社会的和谐稳定，具有全局性、战略性和基础性的意义。因此，要将社会主义核心价值观融入新农村建设的全过程，探索出一条培育和践行社会主义核心价值观的实践路径，并最终汇聚为新时代实现农村振兴战略的强大凝聚力和向心力，完成乡村振兴的重要使命。

要立足我国农村社会发展的实际，坚持以社会主义核心价值观为引领，运用农村优秀文化来熏陶、教化人，实现敦风化俗、以文化人，让社会主义核心价值观落地生根、深入人心。通过教育引导、舆论宣传、榜样熏陶、制度保障等方式，凝聚思想，汇集共识，让社会主义核心价值观内化为农民的精神追求，外化为农民的自觉行动，使村容村貌、村风民俗发生根本性改变。

一、加强舆论宣传和教育引导，使社会主义核心价值观融入日常生活

农村地区要深入开展社会主义核心价值观学习与实践，通过舆论宣传切实

发挥社会主义核心价值观的引领作用。一是以短平快宣传方式扩大社会主义核心价值观的知晓度。可以利用乡村广播、墙体标语、LED 显示屏、板报、横幅、宣传栏等进行大而广的宣传工作，为农民践行社会主义核心价值观营造良好的乡村舆论环境。二是以正向宣传社会主义核心价值观的主旋律。加强社会主义核心价值观的宣传，向农民传播正能量，及时批判与修正不良价值观，引导农民树立正确的价值观，形成文明的个人行为，提高农民的综合素质。三是以深度剖析加深村民对社会主义核心价值观的理解度。利用宣传栏、报纸、杂志、微信公众号等方式来阐释社会主义核心价值观，将社会主义核心价值观融入对热点时事的评析中，强化人们对社会主义核心价值观的理解和认同，激发农民投身乡村振兴的主动性。

以舆论、理论、网络和广告等方式进行宣传引导，可以弘扬正气、凝聚人心，进一步在全社会营造积极向上的良好氛围。通过召开各村党员会议、群众会议领学研读《新时代公民道德建设实施纲要》等相关资料，开办乡村道德讲堂，积极落实"三会一课"制度等多种学习形式，认真组织学习，使党员群众正确理解社会主义核心价值观的内涵。深入挖掘宣传群众身边的好人好事，以"小家"文明构筑起"大家"风尚。同时，积极组建农民艺术团，定期举办文艺汇演、农民运动会、乡村民俗文化旅游艺术节等文体活动，将社会主义核心价值观融入群众喜闻乐见的文化活动中，让社会主义核心价值观入脑入心。

二、凸显榜样，使社会主义核心价值观融入农民精神生活

一种价值观要真正发挥作用，必须融入实际、融入生活，让农民在实践中感知它、领悟它、接受它，达到"百姓日用而不知"的程度，收到潜移默化、润物无声的效果。农民的乡土生活离不开家庭，可以用社会主义核心价值观融入家风的方式来培育乡风文明，为当代家风文化发展定风定向。在家风创新方面，应注重引导人们摒弃落后的家风家训，吸收具有新时代社会主义核心价值观内核的家风内容，让社会主义核心价值观成为良好家风的重要组成部分，成为个人信念信仰和文明的实践行为。

在家风宣传方面，应寻找优秀乡村家庭模范，以乡村家庭模范为原型，编

撰与社会主义核心价值观相结合、具有"引经据典、形象生动"特点的现代家风文本，并通过乡村宣传栏、广播、电视台、微信公众号平台等方式推广到家庭中去。通过对家庭模范的树立，让社会主义核心价值观成为模范家庭的标准，成为农民美好的追求向往，形成文明的乡风环境。利用群众自荐互评、家庭评比等形式，吸引广大群众参与。积极开展"最美家庭""五星级文明户"等评选活动，同时，采取各种方式，广泛宣传典型人物的先进事迹，让典型叫得响、传得远。设立"励志廊""好人榜""善行义举榜"。积极组织讲述善美家风家训故事，开展家庭文明宣传，让社会主义核心价值观在家庭里生根、在亲情中升华、在血脉中传承。

三、构建制度规约，使社会主义核心价值观融入农民理性生活

只有制度管人，才是真正意义上的民主。可以从农民日常生活、习惯养成做起，结合本村实际，组织群众讨论、重新修订和完善村规民约，用"三字经"形式将社会治安、环境卫生、邻里关系、移风易俗、文明新风等内容写入并公布在"主题文化墙"上，供村民对照学习。修订易记、易懂、易行的村规民约，既明确"什么不可为"，又提倡"什么大可为"。同时，成立村民议事会、红白理事会，建立监督机制，对农民遵守村规民约行为进行监督评议，督促农民自查陋习，不断强化其约束作用，引导农民自我管理、自我提升。积极探索"法治、德治、自治"社会治理模式，成立"百姓参政团""道德评判团""百事服务团"，制定议事规则和流程，引导群众有序参与村级事务。发挥道德在规范群众行为、调节社会关系中的重要作用，增强群众知荣明耻的意识，弘扬社会正能量，逐步形成法治有序、德治有效、自治有力的局面，村级治理体系得到进一步完善。

四、强化道德治理，夯实培育和践行社会主义核心价值观的思想基础

随着社会主义新农村建设的稳步推进，农民的道德需求日趋强烈，特别是面对农村道德治理日渐薄弱的现状，基层党委、政府应当重视和强化乡村的道

德治理,对农民群众实施有效的教育管理,逐步推进农民的现代化和农村的社会文明。

(一)夯实乡村道德治理的政治支撑

基层政府是连接乡村、服务群众的重要部门,对乡村道德治理起着直接影响作用,也是最有力的政治支撑。当前,基层党委、政府抓乡村道德治理的力度比较弱,精力比较分散,加上新农村建设的任务和亟待解决的问题很多,导致乡村道德治理效率低下。首先要发挥政府的主导作用。努力营造氛围、创造条件,为乡村道德治理提供人力、财力、物力等方面的有效保障;要围绕乡村道德建设中存在的问题,积极出主意、想办法、求突破;要顺应群众的道德需求,做好思想疏导、因势利导、扶持引导等工作。其次要注重民间自治组织的发展。充分发挥道德评议会、红白理事会、妇女禁赌会等自治组织的作用,切实解决它们的公信力问题、软约束问题、人员待遇等问题,使之在群众心中树立威信。

(二)完善乡村道德治理的运行机制

乡村道德治理不是一蹴而就的短期工程,应努力探索制度规范和保障,实现制度的普遍遵守和有效运行,持续开展乡村道德治理。一是探索建立投入保障机制,通过社会募集、建立基金等方式解决当前基层财政紧张的形势。二是探索建立协调联动机制,最大限度地整合部门优势和资源力量,引导相关部门拿出实实在在的惠民利民措施,统筹形成工作合力,提升乡村道德治理的效率。三要探索建立激励奖惩机制。对乡村道德治理工作开展考评,探索实施以奖代补政策,对开展得好的乡村给予奖励。建立激励群众广泛参与的工作机制,借鉴各地的成功经验,探索实施道德积分管理,建立道德档案,对群众实行相应的奖惩制度。四要完善村规民约。以社会主义核心价值观和优秀传统美德为基准,引导各村修订完善有特色、有约束力、有操作性的村规民约,规范群众的日常道德行为。

(三)激活乡村道德治理的教育载体

在推进社会主义新农村建设的背景下,要重点开展好以下三个方面的教育。

一要多开展体现时代风尚的教育活动。通过深入开展生态环保、文明理念、时代风尚等宣传教育，引导农民群众大力践行文明道德，不断提高文明素质。二要多开展民风民俗的传承教育。对一些好的民风民俗，比如婚丧嫁娶仪式、传统节日习俗等要继续弘扬。要结合移风易俗教育破除与现代化格格不入的旧习俗。三要对群众开展传统道德教育。运用传统道德文化的思想精华，持续不断地向群众进行宣传教育，使之切实融入群众的日常生活，逐步实现知行合一。要着力开展孝德和诚德教育，特别要注重家庭、家教、家风建设，弘扬中华传统家庭美德。

（四）完善乡村道德治理的人才队伍

推动乡村道德治理，需要一批高素质、知民情的干部队伍和人才。一是利用志愿者、驻村干部、村干部，合力推动乡村道德治理，努力形成各尽其才、各展所长的生动局面。二是培养素质高、有头脑、致富能力强的基层党员干部，他们眼界宽、能力强，为民办事热情高，利用这些能人资源，以他们为典型示范，大力推进道德治村。三是发展各类志愿者队伍，努力把服务重点向农村倾斜，引导更多的志愿者关注乡村、关注农民群体，广泛参与到扶贫帮困、三下乡、支农支教等社会公益活动中来；同时要培养农村乡土人才、道德典型、乡贤人物等，引导他们参与到乡村道德治理之中。

第六章

复兴乡村传统文化，助力乡村文化振兴

　　回顾中国几千年的发展历程，乡村作为礼仪的发源地以及传统伦理的根基，是文化认同、情感归属的重要载体，拥有非常丰富的文化资源。实施乡村振兴战略，就是要走中国特色社会主义乡村道路。党的十九大报告中提出了七条"振兴之路"，其中一条就是繁荣发展乡村文化，提出"必须传承发展提升农耕文明，走乡村文化兴盛之路"。实施乡村振兴战略是传承中华优秀传统文化的有效途径。中华文明根植于农耕文化，乡村是中华文明的基本载体。乡村振兴，乡风文明是保障。实施乡村振兴战略，深入挖掘农耕文化蕴含的优秀思想观念、人文精神、道德规范，结合时代要求在保护传承的基础上创造性转化、创新性发展，有利于在新时代焕发出乡风文明的新气象，进一步丰富和传承中华优秀传统文化。

第一节 乡村传统文化

在乡村振兴视域下，乡村传统文化有其独特的价值。我们要了解乡村传统文化，认识到乡村传统文化在乡村文化振兴中面临的诸多挑战，需要深入研究并寻求破解之道。

乡村传统文化的典型代表是农耕文化、乡贤文化、孝文化、民俗文化等。

一、农耕文化

在漫长的农业耕作实践中，先辈们创造了灿烂辉煌的农耕文化，并代代积累传承。农耕文化是在以小农生产为基础的传统农业社会形成的，在农耕生产实践活动中创造、积累和传承的，与农耕以及农耕社会有关的文化总和，既包括农作物、农耕器具、生活用具、传统村落和民居等实体文化，也包括与农事、农耕有关的礼仪、民俗风情、传统习惯等精神文化，如节气夏历、祭祀礼仪、诗词谚语、民歌民谣、神话传说等。农耕文化不仅是农业生产中的重要内容，而且是乡村传统文化的重要组成部分，是传统文化的根脉所在。农耕文化的特征主要体现在"应时、取宜、守则、和谐"。

"应时"，就是顺应农时。农业生产的季节性很强，受自然界的气候影响比较大。人们只有顺应天时，根据自然界的四季变换规律安排农业生产，才能促进农业增收，这在古代社会尤其是生产力和科技水平不高，需要靠天吃饭的情况下表现尤为明显。长期以来，"应时"逐步演变为农业生产活动的基本准则。根据农时的安排，人们创造了大量与之相关的岁时节令文化，比如二十四节气。

"取宜"，就是根据不同的土地状况、不同的物候条件、不同的时间节点从事农业生产。在原始社会，就有了"取宜"的思想，农耕文化中的"相地之宜"和"相其阴阳"理念就是"取宜"的实践经验总结，在指导人们认识自然和从事农业生产中发挥了重大作用。早在新石器时期农业诞生以来，先民们就已经学习掌握了因地制宜的理念，黄河流域的旱作农业、长江流域的稻作农业以及北方的草原农业都是取宜的结果。

"守则"也就是恪守准则、规范。我们的祖先在与大自然的长期互动中形成了用以协调人与自然关系的准则，并逐渐渗透到社会生活的方方面面。农耕文化蕴含的"以农为本、以德为荣、以礼为重"等优秀文化品格，都体现了守则的内容。在传统乡村这种熟人社会里，礼是社会公认合式的行为规范，"睦邻友好""守望相助"是社会成员的共同意识，并逐渐形成乡土社会的"礼治秩序"。

"和谐"即天、地、人的和谐。我们的祖先在长期的农业生产实践中得出了人和自然不是对抗关系，而是和谐共生的关系，并由此孕育了"天人合一"的思想，讲求天、地、人的和谐共生，强调人在利用自然物质时应该遵循自然规律、顺应自然法则。老子在《道德经》中所说的"人法地，地法天，天法道，道法自然"，在一定程度上也反映了农耕文化中遵天时、守地利、至人和的自然观。

农耕文化是中华文化的根基，其中蕴含着丰富的思想观念、人文精神以及道德规范。传承农耕文化不仅能够提升乡村发展品质和农民生活质量，进而培育文明乡风，而且能够促进基层社会治理、维护农村社会和谐稳定、凝聚乡村精气神。传承农耕文化，既是发展现代农业的迫切需要，也是丰富广大农民精神家园的现实需求。

二、乡贤文化

中华民族自古就有尚贤重能的文化传统，而乡贤文化就是在此基础上形成和发展起来的。它在中国传统社会中起着维系基层社会运转的主导力量，同时也在农村治理工作中担当重任。乡贤文化是连接人们乡情乡愁的精神纽带，其主要内容既包括传统意义上的乡贤文化，也包括新时代形成的新乡贤文化。

要了解乡贤文化，首先要知道乡贤的概念。乡贤产生于封建时代的农耕文明，是指乡村中有贤德、有文化、有威望的贤达人士，他们通常有突出的德行、才能和声望，并且能够为农民所信服、敬仰和遵从。乡贤在传统社会乡村治理中发挥着至关重要的作用。首先，乡贤主要对乡村的地方性事务进行管理及监督。比如，管理社仓、义仓等公共财产，负责修桥铺路、赈济灾民、修建私学等关乎民生的事务。其次，乡贤有权制定乡规民约并负责维系包括乡村礼俗法治等在内的行为规范。乡贤文化体现了中华优秀传统文化坚守正道、崇尚正义、诚实守信、宅心仁厚、孝老爱亲等基本特征。传统乡贤文化对于教化乡民、涵育乡风文明、维系农村社会秩序具有重要作用。

新乡贤是在新时期产生的德才兼备、受到村民敬仰且推崇的贤达之人，这些人品行高尚且有人格魅力。新乡贤的存在，有助于营造农村良好社会风气，推动农村思想道德建设，促进农村经济社会持续健康发展。新乡贤文化就是以具备高尚道德以及强烈社会责任感的新乡贤为主体的一种文化形态。它能够广泛吸纳德行高尚的新生力量，并鼓励他们积极参与新农村建设。新乡贤文化中蕴含的思想、信仰以及价值取向等，对农村社会的发展有着一定的激励作用。

三、孝文化

孝文化在中国历史上占据重要的地位，是中华优秀传统文化的重要组成部分。古代的"二十四孝"讲述了很多关于孝的事迹，至今仍广为流传。孝文化作为一种精神力量，影响了一代又一代华夏儿女。孝文化在我国农村社会同样具有重要的地位，是我国农村传统文化的根基，是形成和影响乡村认同的重要文化因素。尽管孝文化的发展在一定的历史时期遭到过批判，但其中所有蕴含的精华已经形成了一套完整的思想系统和道德规范。

以下将从三个方面概述传统孝文化的基本内涵。首先是从个人层面来说，要做到孝敬父母，尊重兄长，始终对比自己年长的亲人保持孝心并能够以礼相待。其次是从家庭层面来看，要做到夫妻和睦、兄妹相亲相爱，维护家庭和谐。最后从国家层面看，要立身敬业，忠心爱国。从修身养性、施行仁义之道开始，由自己到小家，由小家到国家，再由国家到天下，正如儒家提倡的"修身、齐家、治国、平天下"的修身之道。因而，"孝的内涵不仅表现在爱人，而且表现在通过克己修身推及到爱他人、爱社会、爱国家、爱世界万物，进而达成天人合一的境界"[①]。正是这种利他的、忘我的、崇德向善的、能够体现人类文明普遍价值的孝文化，培育出了中国人的优秀品质，这也成为中国优秀传统文化的核心内容与文化基因。

---

① 余玉花，张秀红. 论孝文化的现代价值 [J]. 伦理学研究，2007，(02)：68-74.

四、优秀传统民俗文化

优秀传统民俗文化植根于乡村地区，是我国劳动人民在长期生产生活实践中创造出来的富有人文情怀的文化。它的内涵丰富，涉及多个领域。既包含古建筑、生活习俗和生产方式等物质形态层面的内容，也包含节日庆典、祭祀礼仪、民俗技艺等社会发展层面的内容，同时，还涉及伦理道德、信仰文化等精神层面的内容。可以说，"传统民俗文化是民间群众特有的乡土文化统称。它孕育于我国漫长的农耕文明中，是在农业生产过程中依靠生活实践和民族信仰相互渗透形成，是一方水土人文精神的深厚积淀"[①]。

在农村地区，传统民俗文化生命力旺盛，不同种类的传统民俗文化代代传承，生生不息。这些传统民俗文化内涵丰富，蕴含宽容向善、和谐友爱、团结互助、遵纪守法等中华传统文化的优秀成分，与新时代的道德要求相适应。优秀传统民俗文化在乡村文化振兴中发挥着重要作用，是人们寻根溯源的精神纽带，农民通过寻根溯源，能够找回深藏在内心的记忆，进而增强村民的凝聚力和向心力，增强民族认同感和归属感。另外，传承优秀传统民俗文化，有助于传承中华优秀传统文化，激发农民建设美丽乡村的热情。因此，要保护好、传承好优秀民俗文化，加大对优秀传统民俗文化的保护和管理力度，多维度用活用好优秀传统民俗文化，充分开发并打造乡村特色文化；汇聚多方力量，着力宣传和挖掘优秀传统民俗文化价值；更好地发挥优秀传统民俗文化在乡村文化振兴中的促进作用，助力建设宜居宜业的和美乡村。

第二节　乡村传统文化的价值与现实困境

乡村传统文化与一般意义上的文化有所区别，它深深扎根于乡村，并且深刻影响着乡村的整体发展。在实施乡村振兴战略的背景下，乡村传统文化具有十分重要的价值。然而，随着乡村社会的快速发展和急剧变迁，乡村传统文化在助力乡村文化振兴的过程中也存在诸多现实困境。

---

① 张晓旭. 乡村振兴视阈下传统民俗文化的建设研究 [J]. 汉字文化，2021，(04)：155-156.

一、乡村传统文化在乡村文化振兴中的价值

在实施乡村振兴战略过程中，特别强调文化振兴、文化先行。而乡村传统文化代表着中国在农耕时期的文明和成就，蕴含着深刻的文化精神，曾在很长一段时间占据主流文化的地位。作为农民群众的根和魂，乡村传统文化与农民的精神世界息息相关，具有重要的意义。

（一）重塑文化认同，提供乡村发展动力

无论处在任何阶段，乡村传统文化都始终是农民应该坚守的普遍性规范。乡村传统文化能够在一定程度上规范和引导农民，使他们的思想和行为达成统一，并产生对传统文化价值的心理认同。传统文化作为一种精神纽带将农民有效聚集起来，并整合形成了强大的社会力量，形成了"同心同德"的价值取向。这种维系民族精神的纽带既为乡村文化主体和文化主权创造了基本条件，又为乡村善治奠定了良好的文化基础。同样的，乡村经济的发展进程与乡村文化的先进性也密切相关。而乡村优秀传统文化作为乡村先进文化，能够与时俱进，适应现代化的进程，对农民进行正确价值观的引导，为农村营造良好的文化氛围，激发农民自我生存发展的积极性和创造性，为乡村社会的发展提供新思路和生产力，为乡村经济发展奠定思想基础，为农村可持续发展提供精神动力。

（二）规范约束乡民，降低乡村治理成本

经过历史的变迁，乡村传统文化已经融入了乡村的乡情风貌、古宅名居以及风俗民情之中，它不需要依靠专门的媒介，而是通过家传的形式就能够达到影响教化农民日常行为的目的，并且这种影响力深远而又持久，在潜移默化中就能够影响农民的思想和行为。通过乡村传统文化的教化，可以为乡村治理奠定基础。村规民约是乡村传统文化中规范文化的实质表现，反映了乡村社会规范农民道德行为的准则。乡村社会实际上就是一种熟人社会，由传统邻里关系和氏族关系演变而来，这就使得在乡村治理过程中，往往强调用德治手段多于法治手段。在处理乡村纠纷冲突时，往往是沿用流传下来的约定俗成或者村规民约。村规民约的制定有一定的标准，它是在国家法律和伦理道德的基础上制定出来的，对于农民的约束效力远超于法律的规范。村规民约是结合各村村情

实际制定出来的，在乡村治理过程中具有弹性特点。村规民约区别于国家立法，在成本和效力方面更具优势。村规民约的制定与法律相比更加注重把握细节，适用于实际问题的处理。村规民约能依靠最小的成本解决矛盾隐患，有效解决问题，降低乡村治理成本。

（三）丰富治理主体，提高乡村治理水平

乡贤在乡村也被称为乡绅，在乡村治理中能够起到关键作用。乡贤是在乡村社会的发展中产生的，当乡村社会的传统文化价值观念受到现代文化的冲击时，农民文化自信缺失，乡村社会风气躁动，和谐稳定的乡村秩序受到动摇，德治和法治无法在乡村治理中得到有效运用时，乡贤的作用便凸显出来。与政府治理常用的会议、宣讲等模式不同，乡贤借助其在乡村中拥有的声望和威信，能够辅助政府加强对乡村的治理，尤其是治理乡村中出现的空心村、伦理道德丧失、乡村传统文化传承隔断等问题，通过乡贤的手段进行间接辅助治理，重塑乡村传统文化自信。这种治理模式弥补了政府治理的缺漏，体现了善治与德治的统一，进而达到提升村民素质、提高乡村发展水平的目的，最终提高乡村治理水平。

（四）重建文化自信，助推乡村振兴实施

习近平总书记强调："没有高度的文化自信，没有文化的繁荣兴盛，就没有中华民族伟大复兴。"乡村文化的传承发展同样需要乡村文化自信作为保障。文化自信源于村民对乡村传统文化价值和自身理想信念的认同，体现了农民对自身文化生命力及发展可能性的充分肯定。乡村优秀传统文化以和谐、共生、互利为价值取向，能够引导农民树立正向的价值观念，用理性的视角认识世界。传承乡村优秀传统文化，就是要深入挖掘乡村优秀传统文化的丰富内涵，完善乡村传统文化遗产的开发和保护措施，建设村级公共文化基础设施，提升农民的伦理道德和文化素养等，这些都离不开广大农民的自觉参与和通力配合。随着社会的进步，农村的年轻人开始向往城市高水平的物质生活条件和方便优越的教育、医疗等社会公共资源，缺少对家乡的热爱，原有的乡村文化自信也随之消退，参与乡村文化振兴建设的积极性逐渐下降。因而，亟须重塑农民的乡

村文化自信，通过文化自信激活农民的文化认同感，加快推进乡村振兴战略的实施步伐。

二、乡村传统文化的现实困境

乡村文化振兴过程中，既离不开乡村精神，也离不开传统文化和自然生态，因此，要传承好传统文化，也要留住绿水青山，让"乡愁"切实落地，让传统文化延续下去、把绿水青山保护下来。随着新型工业化、城镇化和农业现代化进程的加快，乡村文化受到强烈冲击，外来文化与乡村传统文化在融合的过程中存在一定困难，使当代乡村文化呈现出一个变化中的"空洞"状态，原有的文化生态被打破，新的文化秩序较难建立，乡村的文化生活陷入了重重困境。在实现农业现代化和城乡融合发展的历史背景下，振兴乡村文化，首先要看到当前存在的现实困境，并探索解决问题的根本路径，重新激活乡村发展的活力，让乡村文化融入现代文明体系，实现乡村传统文化的复兴和重建。在复兴传统文化的基础上，满足农民群众的精神文化需求，保障农民的文化权益，重建新的乡村精神和乡村理想，唤起农民的文化自觉，培育乡村振兴的合格人才，为乡村振兴奠定坚实的人文基础。[①]

（一）乡村文化传统与现实之间的矛盾

1. 思想观念层面

乡村传统文化是不同地域或民族的乡村群众在长期生活过程中创造和传承的生活秩序。随着我国现代化进程的推进，乡村传统文化陷入了存续危机。城市化、现代化使得乡村的土地和劳动力被压缩，尤其是一些乡村青壮年，对乡村文化缺乏亲和力和归属感，这些人大多选择去城市打工。他们的流出，使得乡村的劳动力资源大规模流出。长期下来，导致许多地方的乡村社会出现衰落迹象，各种传统价值因为缺少滋养而面临消失，村庄的人际关系逐渐陌生。城市化、现代化造成经济社会发展不均衡不充分的同时，也造成了农村传统文化、道德伦理的衰落。在强势的"现代化"的影响下，农民不再珍惜祖辈传下来的文化，失去了往日的自信和自尊，不再固守物质和文化家园，亦步亦趋地跟随

---

① 刘忱. 乡村振兴战略与乡村文化复兴 [J]. 精神文明导刊，2019，(04)：12-14.

城镇化的步伐。因此，要处理好延续乡村文化传统问题，认清楚当前乡村客观现实及其与现实之间的矛盾，从而使乡村文化振兴符合广大农民的根本诉求，并契合民族自身的历史文化。

2. 乡村文化传承层面

当前，我国乡村传统文化传承的主体是乡村群众，他们是乡村文化传承发展的主观能动因素，也是乡村文化问题的根本因素。在传统社会"面对面的社会群"中，乡村文化保存在农民日常生活和记忆中。群众是文化创造主体，也是文化传承发展主体。一段时期以来，大量农民离乡使乡村文化缺少人气支撑，农村"空心化"现象日渐严重，乡村传统文化传承主体严重断层与缺位，作为文化载体的古老村庄和聚族而居的熟人社会正在消失。一是随着工业化和城镇化的快速发展，大批农民工纷纷拥向城市，农村人口向城市大规模转移和跨区域流动，导致农村劳动力要素不断流失和农村的"老龄化"，在一定程度上动摇了乡村文化的根基，从而严重影响乡村文化的保护、传承与发展。二是除沿海发达地区的乡镇和农村外，我国大部分农村地区大多数有知识、有技能的劳动力和文化能人等农村精英群体，往往都已迁入城市，这在客观上造成了乡村文化中坚力量的削弱乃至流失，削减了农村文化发展的后劲。三是现在留在农村的多为老人、妇女和儿童，严重的主体老龄化已经难以支撑建设新农村、发展现代农业和振兴乡村文化的重任。四是现在农村的青年一代往往感受不到乡村文化潜藏的丰富内涵，他们更向往城市生活和城市文化，对农村传统的道德观念、家庭观念、家乡文化的认同感也在逐渐减弱。正是在这些因素的综合影响下，农民文化参与的热情不断衰退。因此，振兴乡村文化需注重乡村文化人力资源建设，汇聚乡村文化传承发展人气，激活乡村文化发展内生动力和活力。

3. 乡村文化生态层面

随着我国国力的日渐雄厚，乡村地区的农田水利设施建设在稳步推进。一方面，大量的农业灌溉系统由水泥浇筑，对乡村的生态系统造成破坏。比如，水泥砌筑的灌溉水渠构成一道生态屏障，阻碍了诸如蚯蚓之类小生物的正常活动，隔离了水流与土壤的物质交换，对农田生物链造成了严重的破坏。另一方面，农业技术的快速进步虽然提高了农作物的产量，但部分现代材料的粗放使用也对乡村环境造成了破坏。比如在农田中大量使用的农业地膜，虽然起到防水渗透、控制水土流失等作用，但使用之后的清理回收却管理缺位，加之农民的环保意识不强，导致田间大量塑料垃圾堆积，污染了农村土地。这些去生态化的乡村建设方式与绿色生态发展理念严重背离。《乡村振兴战略规划（2018—2022 年）》指出："实施乡村振兴战略是建设美丽中国的关键举措。农业是生态产品的重要供给者，乡村是生态涵养的主体区，生态是乡村最大的发展优势。乡村振兴，生态宜居是关键。实施乡村振兴战略，统筹山水林田湖草系统治理，加快推行乡村绿色发展方式，加强农村人居环境整治，有利于构建人与自然和谐共生的乡村发展新格局，实现百姓富、生态美的统一。"

（二）乡村文化供给与需求之间的矛盾

从供给与需求关系来看，近年来，乡村文化建设进展明显，乡村公共文化服务体系建设得到不断加强，文化惠民项目深入实施，乡村文化建设的内容逐渐丰富，但我们应该看到，乡村文化建设在有效供给与满足需求上还存在着明显的矛盾。在现阶段，乡村文化领域的主要矛盾表现为人民日益增长的美好文化生活需要同供给不平衡不充分之间的矛盾，矛盾的主要方面在供给。

1. 供给不充分

在整个文化供给体系中，以城市为中心，乡村文化供给较欠缺。而在乡村文化供给体系中，贫困地区又比较欠缺。贫困地区不仅是物质贫困，更是文化贫困。

一是文化基础设施建设不平衡。农村文化设施是开展农村文化活动的主要载体，影响着农村文化建设的顺利开展。目前，农村现有的文化站设施陈旧，利用率不高，已建的文化礼堂面积都比较小，文化设备简陋，无法满足人民群众日益增长的文化生活需求。二是文化经费投入不足。由于缺乏有效的资金投入和经费保障，农村开展各种文化活动的能力受限，图书信息资源更新不及时，重建设、轻管理问题亟待解决。文化礼堂管理员均是村干部兼任，没有任何报酬，工作积极性不高。三是公共文化服务人才缺乏。一方面，乡村文化员编制缺乏，有的在编不在岗，很大程度上影响着各类群众文化活动的开展，不能适应新形势下农民群众日益增长的文化需求。另一方面，农民参与公共文化服务体系建设的主体意识不强。一些拥有较好群众文化活动基础的优秀的民俗、民间文化传统因后继乏人而难以有所作为，导致农村基层文化人才青黄不接、队伍不稳。

2. 供给激发需求不足

文化供给对于激发需求有一定的促进作用，目前农民的物质生活需要已基本满足，但受现代化、城市化影响而激发出的精神文化需求却无限增长，存在很大的发展空间。尽管在全国范围实施的各种农村文化惠民工程取得了一定成效，"送文化下乡"搞得轰轰烈烈，客观上丰富了农民的文化生活，但往往是运动式的，在短暂热闹之后又归于平静，不能满足农民的经常性需求。

改革开放以来，农村经济快速发展，农民在物质生活改善之余，对精神文化生活的需求越来越强烈，出现了多样化的需求。文化需求有健康和非健康之分，如何"文以载道"，寓教于乐，以有效供给引导需求的提升尚存在不足。另外，一些文化下乡活动对农民文化喜好关注不够，没有将文化下乡的形式与农村本土文化内核结合起来，创新性和贴近性不强，因而难以满足农民的"口味"。这种供需脱节的乡村文化建设机制，往往是政府买单唱独角戏，农民还不领情，也难以有效激发广大农民的文化热情，也没有点燃农村的文化火种，更不能增强乡村文化的造血功能。乡村文化的振兴，绝非一朝一夕之功。"喂食"型的文化给养，早已无法满足"人民日益增长的美好生活需要"，需要在供给与需求两个方面进行有效对接，建立运行有序、沟通顺畅的体制机制。

（三）乡村本土文化与现代文化之间的矛盾

当今时代是一个多元文化并存共荣的时代，不同文化之间既有交流和交汇，也有排斥和抵牾。作为长期滋养农民的乡村文化，在与城市文化和外来文化的相互碰撞冲突中，逐渐被边缘化乃至荒漠化。我国人多地少，乡村地区农业经济的产出并不大。在资源平平的地区，大量农民外出务工以获得更高的经济收益；在一些资源条件较好的地区，休闲旅游成为农民重要的收入来源。城市性的或者说功利性的文化正在快速入侵乡村，如在原本交通闭塞的云贵地区，乡村的传统文化得以较为完整地传承，但是随着基础设施的改善，外来文化和城市的生活方式正在侵袭这些"传统村落"。再如，一些农村地区的干部为了发展旅游休闲产业，将乡村文化置于经济建设的从属地位，过度开发民居建筑群落、寺院祠堂、廊桥楼阁、书院官厅，致使许多优质乡村文化资源被破坏，或者在乡村建筑风格上热衷于复制城市模式，致使千村一面，丧失传统特色与个性。在乡村缺少自身造血能力的情况下，产业下乡、企业下乡、创业下乡等新生的乡村发展力量开始承担起乡村发展的重任。从现实状况来看，外来人口进入乡村，带来与乡村文化迥异的外来文化，但乡村原成员与新成员间难以融为新的乡村共同体。这种文化上的隔离阻碍了乡村在社会结构、经济产业方面的发展。原本熟人社会所构成的传统农村社区，在现代化的冲击下正逐步解体，商业文化正慢慢主导这些资源条件优越的乡村。文化的传承与乡村社区解体的矛盾日渐凸显。由于外来文化的拥入，作为农耕文明的人文传统和价值观念受到冲击。乡村文明是中华民族文明史的主体，村庄是乡村文明的载体，耕读文明是我们的软实力，要保留乡村风貌，就必须坚持传承文化。中华民族在数千年的农耕文明的基础上生成了特有的人文传统和价值观念，如守望相助的观念、敬亲睦邻的观念、孝亲敬贤的观念、祖先崇拜的观念、天人和谐的观念、克勤克俭的观念、耕读传世的观念等。然而，这些传统观念在西方文化和城市文化的双重冲击下，已经逐渐被解构而变得支离破碎。

（四）乡村文化建设硬指标与软任务之间的矛盾

随着我国经济社会的快速发展，广大农民对于精神文化的需求日益增长，乡村文化建设也要与时俱进，这就要求政府不仅要加大资金投入，而且要出台有关政策加以引导。而现实的情况是：当前我国很多地方的农村文化建设普遍缺乏有效的制度保证，乡村文化建设的创新和激励机制不健全，以致乡村文化的管理比较粗放，公共文化资源难以有效整合，乡村文化缺乏生机与活力，政府投入的大量人力和物力远没有达到预期的效果，直接影响了乡村文化的有序良性发展。①

---

① 陈运贵. 关于乡村文化振兴的理论检视与现实思考——基于乡村振兴战略的研究视角 [J]. 皖西学院学报，2018，(03)：30-34.

第三节　复兴乡村传统文化的路径

　　乡村传统文化是一种植根于乡村生活、迥异于城市文化的传统文化形态，具有浓郁的乡土气息和强烈的人文色彩，传承和发展乡村文化，一定程度上可以让乡民体会到"根脉"，切实地寻找到乡愁。乡村文化兴盛是乡村振兴的内在动力，也是乡村振兴的重要标志。只有全面复兴乡村传统文化，才能重塑和再造新的乡村社会和乡村理想，为乡村振兴注入强大的精神力量。因此，要从传播乡村文化、保护利用乡村传统文化、重塑乡村文化生态、发展乡村特色文化产业等方面发力，复兴乡村传统文化。

一、传播乡村传统文化

　　乡村传统文化在具体形态上包括乡村舞蹈、绘画、民歌民谣、地方戏曲、神话传说等，它们植根于当地形态中，是农民生产生活的重要组成部分。乡村文化传播是与群众文化活动相关的传播，也包括与大众媒介文化，如电视、互联网、手机等相关的传播，能够深刻影响农民的日常生活、价值观念和文化习惯。传播乡村文化可以通过以下四个主要途径。一是开设乡村文化课程。充分利用乡村教学资源，借助学校、教师以校本课程、班本课程的形式，开发乡土文化课程。在开设乡村文化课程时，要坚持尊重乡土特色、贴近生活情境、树立主体典范的基本原则。强化乡村文化课程资源的开发，在现成的课程体系中要充分发挥学校周边乡村自然与人文环境的作用，凭借学校、教师的集体智慧，用学生适应的方式引导课程教学。另外，要以地方为单位组织开发特色鲜明、生动活泼的地方课程与乡土教材。二是建设乡村文化礼堂。文化礼堂应当是传承优秀传统文化的重要平台，是弘扬社会主义核心价值观的重要载体，更是基层党组织沟通联系农民群众的桥梁和纽带。因此，要注重美丽乡村建设与乡村振兴的结合，将传统民俗文化与现代文明有机融合并创新发展，打造集文体娱乐活动、思想道德建设、知识普及为一体的农村文化服务综合体。三是打造乡村文化长廊。通过对农村主要街道两侧墙体按照特定的风格色调统一进行整改装饰、粉刷，将习近平新时代中国特色社会主义思想、社会主义核心价值观、科普知识、传统美德、健康普及知识等宣传内容以彩图、漫画、文字等形式，绘制在整饰、粉刷后的墙面上，形成乡村文化长廊。四是建立乡村图书馆。乡村图书馆是一个承载旅游乡建理念的地方，是居民与游客共享的乡土文化空间，可以打造成为多功能服务区。

二、保护利用乡村传统文化

加强乡村传统文化的建设和保护，对于规范社会行为，协调社会村落关系以及社会和谐稳定具有重要意义，也是和美乡村建设的重要内容。一是实施农耕文化传承保护工程，切实保护好优秀农耕文化遗产，推动优秀农耕文化遗产合理适度利用，保护农耕文化的首创精神等。二是划定好乡村文化建设的历史文化保护线，保护好文物古迹、民族村寨、传统建筑等遗产，支持农村优秀戏曲曲艺、民间文化等的传承和发展。三是传承传统建筑文化。具备一定历史、文化、艺术价值、地域特色等的传统建筑文化和古树名木、自然环境等都是需要保护的传统建筑文化。在传承利用过程中，要坚持遵循历史、整体保护、活态传承、合理利用、政府主导、社会参与等原则。四是加强非物质文化遗产保护。坚持"保护为主、抢救第一、合理利用、传承发展"的方针，做好对本地区非物质文化遗产进行普查、收集、整理、出版等工作，建立非物质文化遗产保护档案和数据库。对于濒危的、有重要价值的非物质文化遗产，相关部门要及时抢救并有效保护。完善非物质文化遗产保护制度，做好非物质文化遗产的展示和传播，普及保护知识，提高全社会非物质文化遗产的保护意识。

三、重塑乡村文化生态

当前，乡村文化生态不断变迁，要珍视历史文化传承，守住乡村文化生态，留住美丽乡愁，通过活态保护现有的优秀文化遗产，实现文化生态体系与政治、经济、社会和文化实践的有机统一。一是加强乡村生态文明宣传教育。广大乡村面临着环境污染、生态破坏等制约生态文明建设的生态环境问题，要进一步加强治理，解决存在的短板问题。既要引进技术帮扶，加强制度建设，又要加强乡村生态文明宣传教育，培育人与自然和谐共生的乡村生态文化。在这一过程中，需要把生态文明宣传教育融入群众生活、学生课堂和村规民约。二是走特色化的农村发展道路。尊重个性化、多样化的乡土文化差异，准确把握全国各地的差异和特点，坚持因地制宜、精准施策、分类推进。各农村地区可以结合自身历史文化积累、区位、自然条件，坚持"差异化"的发展理念，培育特色小镇，加强特色风貌建设，防止"千镇一面"。三是重塑人居环境。当前农村人居环境普遍存在基础设施承载力不足、环境卫生问题有待整治提升的问题。供水短缺、雨污处理能力弱、环境卫生压力大、公共服务水平低的问题凸显。要推进农村人居环境整治工作从典型示范转向全面推开，统筹抓好农村厕所革命、生活垃圾和污水治理、废弃物资源利用及村庄清洁行动等任务。四是丰富乡村文化业态，可以打造主题文化民宿、乡村酒店、田园综合体、乡村度假综合体、民俗文化小镇等文化业态，盘活地方和民族特色文化资源，引导更多人投身乡村文化建设。

四、发展乡村特色文化产业

要依托乡村丰富的历史文化资源、民族文化资源和生态文化资源，充分挖掘乡村特色文化的内涵，发展具有地域特色和民族特点的文化产品和服务。一是推动农村地区实施传统工艺振兴计划，培育和形成具有民族和地域特色的传统工艺产品，促进传统工艺提高品质、形成品牌、带动就业。在振兴传统工艺时，要坚持保护、传承、创新、衍生相结合的原则，将传统工艺与现代设计结合起来，以创新的方式传承传统工艺，推动传统工艺可持续发展。二是积极开发传统节日、武术、戏曲、舞狮、锣鼓等民间艺术、民俗表演项目用品，促进文化资源与现代消费需求有效对接。三是推动文化、旅游与其他产业深度融合，挖掘、整理乡村文化遗存，提炼文化特质，打造旅游产品、创新文化体验，发展乡村旅游。借助数字化网络平台，搭乘乡村旅游快车，将地域特色和乡村文化元素融入农业生产、农产品加工、农业观光、农事体验中，赋予农业更多文化内涵。

第七章

健全乡村公共文化
服务体系，服务乡村文化振兴

乡村公共文化服务，是指国家和社会力量对农村公共文化建设和农村群众文化活动给予帮助和支持，是农村社会福利的重要组成部分，以满足广大农民日益丰富的精神文化生活需要为服务重点。乡村公共文化服务，是新农村建设的重要内容，对于加强农村文化建设、保障农民享受基本文化权益、提高农民文化素养和生活水平、促进农村经济社会和谐稳定具有重要意义。因此，要健全现代公共文化服务体系，注重载体和平台建设，从文化基础设施、文化场所、文化资源配置、文化活动等方面开展文化建设，巩固农村文化阵地。实现乡村公共文化由人民群众"共建"，服务管理由人民群众"共治"，发展成果由人民群众"共享"。

第一节　乡村公共文化的内涵与特征

一、乡村公共文化的内涵

乡村公共文化的建设程度关系乡村文化振兴的进程。乡村公共文化涵盖哪些内容？有何特征？这都是需要厘清的概念。在明确这些概念的前提下，才能确定公共文化建设目标，抓住其建设的重点和难点，将公共文化的发展优势与乡村文化振兴发展的现实需要相匹配，最大限度地发挥公共文化的社会效益。

（一）公共文化

公共文化是伴随着人类社会的发展演变而产生的。换句话说，公共文化是人在实践中创造出来的，也是人类社会得以存在和发展的基本要素。公共文化集统一性和差异性于一体。在我国，公共文化设施建设标准、公共文化服务标准、公共产品配置标准等是相同的，体现了公共文化的统一性。但是，在不同的地区不同的阶段，由于经济发展的程度、生产生活方式、农民风俗习惯各不相同，公共文化发展的形态也不相同，体现了公共文化的差异性。公共文化的内涵、表现形式随着时代的进步、社会的发展，也在不断丰富。公共文化的关键是"公共"二字，也就是说，公共文化是一种公益性和开放性的文化形态，以社会全体公众为服务对象，目的是满足社会共同的文化发展需要，使人人都能参与、享受文化和创造文化。公共文化能够让人民群众共享文化资源，并引导他们树立公共观念和群体意识，进而使他们增强社会的凝聚力、促进社会文化事业繁荣发展、提升社会文明程度。

（二）乡村公共文化

乡村公共文化服务是在一定的经济、政治和社会发展的基础上，结合农村群众的生产生活实际，反映农民普遍认同的意识形态、价值观念和规则标准。

乡村公共文化的建设是在政府的领导下，联合企事业单位、社会组织等社会各阶层形成合力，为乡村提供基础设施、文化产品和服务项目，提升农民的文化生活品质和文明程度，推动文化创新、促进社会和谐。乡村公共文化的内容主要包括以下三个方面。

一是公共文化基础设施。由县至乡至村必须形成一个设施齐全、功能齐备的公共文化服务网络。县级要设置电影院、博物馆、文化馆、美术馆、图书馆和纪念馆。乡镇配有"四馆一站"："四馆"包括文化馆、图书馆、博物馆、美术馆；"一站"即乡镇综合文化站（包括图书室、报刊阅览室、展览室、游艺室、健身娱乐室、农民夜校、篮球场、文化信息资源共享中心）。村级有文化大院、"农家书屋"、公共体育场、流动文化车等。

二是乡村公共文化服务项目。要了解农村群众的基本文化需求，开发多种多样的文化项目和群众喜闻乐见的文化活动，并将其送到农村去，鼓励群众参与文化项目和活动，带动乡村公共文化事业发展。乡村公共文化服务项目主要有三类：第一类是公共文化产品的输出。包括公共电视节目，公共广播节目，电影放映，地方戏演出，图书、期刊、报纸和儿童课本出版，文化产业示范基地园区获得著作权、发明专利等。能够保障农民的基本文化权益，包括读书看报、收听广播、观看电影电视、观看戏剧等基本的乡村公共文化产品服务。第二类是基础文化设施的开放。如基本公共文化设施免费开放，未成年人、老年人、残疾人、现役军人和低收入群体免费参观文物建筑及遗址类博物馆。第三类是内容丰富的文体活动。包括地方民俗活动、节假日主题文化活动、文化艺术知识普及与培训活动等。

三是乡村公共文化服务人才结构体系。这里的人才结构体系涵盖了公共文化从生产、供给、输出和实施的方方面面。在这个过程中，参与的主体呈现多样化趋势，包括文化企业、公共文化组织、非营利性社会文化组织、政府文化管理机构、公共文化服务的具体实施者。尤其是基层公共文化服务人才队伍体系的建设，直接影响乡村公共文化服务的运行和管理成效，因此加快形成一支适应地方文化建设的人才队伍，不仅能缓解乡村公共文化建设难题，也能提升乡村公共文化服务水平，对于实施乡村振兴战略具有重要意义。

二、乡村公共文化的特点

乡村公共文化是属于公共文化的一部分，具有公共文化的一般性特征。乡村公共文化具有公益性、公平性、多样性的特点。

（一）公益性

公共文化的服务对象是社会全体成员，目的是满足人类素质的提升和自我生存发展的需要。乡村公共文化的根本特征是公益性，受地区发展不平衡等因素的影响，城乡之间的公共文化差异很大。政府作为实施乡村文化振兴战略的组织者必须充分发挥其主导作用，在提供乡村公共文化服务时不以营利为目的，切实提升乡村公共文化服务水平，尽可能将公共服务覆盖到每一位农民。在乡村振兴战略的引领下，地方政府要积极贯彻中央政府关于实施乡村振兴战略的方针政策，响应中央政府的号召，既要加强公共文化服务设施建设，为农民提供免费的公共文化产品，又要鼓励广大农民群众自觉投身到乡村文化事业建设中，充分体现乡村公共文化的公益性特征，让公共文化在广大农村地区发挥更好的文化效应，让更多的农民群众享受到文化的发展成果。

（二）公平性

公共文化服务的公平性就在于不同性别、不同民族、不同地域以及社会阶层不同的社会成员都能够平等地享有获取公共文化服务的机会。即使不同的个体文化需求不同，他们所享受到的公共文化服务内容有所区别，但公共文化服务依然体现公平性。另外，在公共文化服务的供给上，也要强调一视同仁、公平对待。

受地理位置、经济水平和传统乡土观念等因素影响，乡村公共文化服务领域的发展相对滞后。所以，国家重点提出要进一步提高乡村公共文化服务的基本普及率，尤其是偏远的农村地区。政府要坚持"广覆盖，保基本"的原则，争取通过大力加强乡村公共文化基础设施建设，促进乡村公共文化服务均等化，保障农民生存和发展所需的公共文化条件，实现公共文化发展成果由全体农民共享。在推进乡村振兴过程中，政府要通过加强乡村公共文化的建设，为农村地区的居民提供更多的就业机会，比如综合文化站工作人员、公共文化设施设备维修人员等岗位，解决农村地区就业难的问题。

（三）多样性

公共文化的多样性主要体现在两个方面。一方面公共文化内容和表现形式具有多样性。我国地大物博，人口众多，受历史、地域环境、经济发展水平等因素影响，不同的地域和民族都有丰富而独特的公共文化资源，并且呈现出的形式也各具特色。另一方面人民群众对公共文化的需求也体现了多样性。农村地区的人口居住较为分散，农民群众的风俗习惯、生活习性、文化水平各不相同，对外界信息的接收和处理程度也有所不同，这就要求乡村公共文化的建设要结合各地的实际情况，综合考量群众的各种文化需求，并且针对性开展公共文化产品的输送，提供让广大农民群众满意的公共文化服务，鼓励群众广泛参与到公共文化建设中，共享公共文化发展成果。将阵地服务、流动服务和数字文化服务结合，由点及面搭建公共文化服务网络，再由面到点开展文化服务，方便群众就近参与公共文化活动。

三、乡村公共文化服务体系建设的基本要求

依据党的二十大部署，结合当前我国经济社会发展水平和乡村文化事业发展的实际，新时代构建乡村公共文化服务体系有以下几点要求。

（一）以人为中心，满足人的基本文化需求

以人为中心，就是要以当代农民为中心，准确认知农民文化层次和文化水平，深入了解并不断满足其基本精神需求，科学规划，让农民真正成为设施的主人、活动的主体、服务的对象，提升农民的文化获得感。

（二）明确政府责任，做好扶持、投入和监管

政府需要承担起乡村公共文化服务的主要责任。从资金、项目、人才、活动、监管等不同角度大力投入、提供指导、加强保障、加强监管，农村公共文化服务建设才能落到实处、取得实效。同时，也要积极鼓励企业、社会、非营利组织和广大群众提供乡村公共服务，不断扩大供给，提高服务水平。同时，鉴于当前乡村公共服务体系出现的新情况、新问题，政府各部门应负起落实、监管

责任，明确责任主体，制定相关标准，对指标的完成情况给予奖惩，用规章制度加以规范，切实解决因空置、闲置而造成的资源浪费问题。

（三）培育和弘扬社会主义核心价值观

乡村文化承载着以文化人、以文育人，促进人的全面发展的重要社会责任。而社会主义核心价值观作为新时期先进的社会主义文化能够化人育人。在乡村公共文化服务体系中，要以培育和弘扬社会主义核心价值观为目标，在设施建设、产品提供、活动开展中贯穿渗透这条主线，为美丽新农村建设提供灵魂。

（四）提高农民文化素养，促进人的全面发展

明确乡村公共文化服务的对象及主要任务，以此为基本依据，在服务提供上，把握新时代农民的文化素养现状及发展需求，从规划到实施，让专业的人干专业的事，根据需要举办名家讲堂、文化活动，还可以有计划地组织有能力的人外出参观，开放思维、启迪思维，提升农民的科学文化素养和精神文明素养。

第二节　乡村公共文化服务体系建设面临的挑战

公共文化服务体系是由政策法规体系、基础公共文化设施网络、基础公共文化项目体系和人才结构体系等多个部分构成的。公共文化服务的根本目的是满足农民群众的基本文化需求，实现好、维护好、发展好最广大人民群众的基本文化权益。要推动基本文化服务标准化、均等化发展，引导文化资源向城乡基层倾斜，创新公共文化形式，保障人民基本文化权益。近几年，各级地方政府高度关注乡村公共文化设施的建设，积极开展探索实践，乡村文化建设取得了一定成效。但在乡村公共文化服务体系建设方面还存在诸多问题。

一、公共文化发展不平衡

公共文化发展不平衡主要受东西部地域差异、城乡发展差异等因素影响。

一是东西部发展水平存在明显差异。由于中东部地区受改革开放影响较大，中东部地区结合地理位置、文化资源、经济基础等优势，大力发展文化事业，并取得了跨越式发展。政府有充足的资金用于当地公共文化服务的建设与发展。但是，在不发达的西部偏远山区，由于多种因素的限制，无法整合资源、凝聚社会力量，再加上当地群众受教育水平普遍不高，群众接受外界信息有限，发展公共文化服务任重而道远。二是城乡公共文化服务体系发展水平失衡。这一情况突出表现为公共文化活动在城乡发展的频率、参与度和体验度有明显差异。城乡人口较集中，受教育程度较高，文化活动更容易得到市民的支持，市民参与公共文化活动的热情比较高，活动开展的反馈也比较好。相比之下，乡村公共文化基础设施普及率低，再加上农村人口分散，较难集中，农民的思想观念、风俗习惯等与城市有较大差异，使得农村文化活动的开展陷入频率低、参与少、质量差的困境。

二、公共文化供给不平衡

公共文化供给不平衡主要体现在供给总量不足、供给结构单一、服务效能差等方面。一是公共文化供给总量不足。充足的财政支持能够为公共文化事业的发展提供物质保障，也能够有效提高政府公共文化服务水平。当前，政府在政策制定方面逐步向乡村公共文化事业方面倾斜，财政投入力度也在逐年增长，但是财政投入的比例与乡村公共文化体系建设的客观需要仍存在一定差距。二是公共文化供给结构单一。政府作为公共文化供给的主体有时也会存在一定的决策偏差。部分地方政府在进行文化工作开展过程中，尤其是在供需存在错位和冲突时，往往会由于保守、异化的政绩观造成供需严重偏离，出现政策失灵、资源浪费、供给效率低下等问题。另外，政府提供的公共文化内容形式单一，无法真正满足人民群众的需求。而非政府组织由于资金不足、自主性较差，很难独立开展活动，再加上政府之外的社会力量准入门槛高，使其很难加入公共文化服务中。三是公共文化服务效能差。在农村地区，一些公共文化基础设施由于缺乏科学的规划和设计，再加上资金有限，图书馆、文化馆、文化广场等的占地面积小，数量也少。另外，设施分布不均匀，影响了它的使用率。而农家书屋、图书馆等的书籍，无法适应当地群众的不同需求，影响了他们的阅读兴趣和参与度、认可度和满意度。

三、人才队伍亟须完善

由于人才结构不合理、专业人员缺乏、人才机制不健全，农村的人才队伍不能适应文化发展的需求。一是人才结构不合理。农村具有一定知识和技能的青壮年较少，使得从事乡村公共文化服务工作的年老者居多，年轻人较少；兼职人员多，专职人员少，不同年龄的比例失调。加上乡村公共文化服务工作的薪资水平低，福利待遇少，晋升空间也不足，使得从业人员流失严重。二是专业人员缺乏。部分乡镇综合文化站虽然配备了兼职人员，但往往因为年龄所限，知识过于陈旧老化，观念更新慢，学历和文化素养较低，不具备乡村公共文化服务需要的学习能力和实践水平。三是人才机制不健全。乡村还没有建立完备的用人机制，在人才培养、引进和发展方面缺乏规范的制度性文件。很多参与到乡村文化建设中的业余文化工作人员，他们热衷于文化事业发展，能够在其中起到关键作用。但由于管理体制不健全，这部分队伍不能得到充分利用和培养。

四、运行机制不健全

首先是文化管理体制混乱。尽管中央、地方各级政府都承担着提供公共文化服务的职能，但没有明文规定各级政府需担负的责任，这种职责不清、混乱的管理体制容易造成各级政府之间互相推诿、工作效率低下。其次是农民需求表达机制不健全。当前，政府为农村提供的公共文化服务仍停留在单一和低级的阶段，而且政府的供给决策具有很强的指令性，带有一定的主观性和政绩色彩，对农民需要的喜闻乐见的文娱活动关注不够，供给与广大民众的需求存在一定偏差。当政府代表农民的意愿提供公共文化服务时，农民只能被动接受，农民在主体地位上被"边缘化"。再次是缺乏系统的绩效评估体系。我国针对乡村公共文化服务体系建设绩效评估较少，没有形成相应的内部控制手段和统一的评估规范。目前乡村公共文化服务绩效评估体系单一，管理模式碎片化，急需调整和完善。最后是监管机制不健全。监管机制对于保障乡村公共服务的客观性和公正性具有重要意义，但由于监管机制不健全，对各项公共文化的投入数量和标准没有明确要求，资金使用透明度低，存在资金虚报和不到位情况，容易造成公共资金浪费。

第三节　健全乡村公共文化服务体系的路径

党的二十大报告明确提出要健全现代公共文化服务体系，对乡村公共文化的建设发展提出了更高的要求。当前，乡村公共文化发展取得了一定成效，但也面临一系列挑战。在建设现代化国家的征程上，必须结合农村群众多样化的文化发展需求，创新乡村公共文化服务运行的体制机制，实现乡村公共文化服务的长远发展。

一、强化组织统一领导

各级党委和地方政府要加强组织领导，明确分工职责，强化公共文化基础设施建设管理，提升公共文化服务效能，扎实推进乡村公共文化服务体系的建设工作。

（一）加强组织领导

一是各级政府和有关部门应积极响应乡村文化振兴的号召，明确工作重心和具体职责，建立完备的组织领导体系。将文化建设与开发扶贫紧密结合，将文化发展重心放在贫困地区、革命老区、边远地区。二是保障农村地区特殊群体的发展需求。在乡村文化建设中，既要保障普通大众的文化需求，又要关注老、弱、病、残等特殊群体的文化需求，要将其作为帮扶的重点群体，切实了解他们的实际困难和需求，保障他们的文化权益。

（二）强化公共文化基础设施管理

应加强对基层公共文化服务设施的管理，提高公共文化服务设施的耐用性。一是明确乡村公共文化设施管理的主体责任，破解相关部门权责不明、互相推诿的难题，及时调整县乡两级文化管理部门的内部管理体制，使部门职员在其位、谋其职。二是增加对基层公共文化设施的投入与管理。在文化活动场所以及配备设施缺乏的地方，要新增基层文化阵地，配齐设施设备和专职人员，并加强设施配置的管理。三是加大对农村资源的整合利用。对农村的废弃校舍、庙宇、老旧房子等进行统筹改造，并将其建设成为设施齐全、功能完备的乡村公共文化便民服务中心，扩大文化活动场所。

二、加大乡村公共文化资金投入

加大乡村公共文化服务的公共财政投入，能够有效推进乡村公共文化服务的均等化。因此，要建立健全乡村公共文化服务财政投入的标准化机制。

（一）加大财政支持力度

政府要严格按照关于公共文化服务项目标准的相关政策文件，加大对乡村公共文化的财政支出。一是充分整合利用乡村闲置学校等教学资源。按照"九个一"的建设标准，即"一个图书阅览室、一个文化驿站、一个文娱活动室、一个文化广场、一座戏台、一套健身器材、一名文化指导员、一个文化表演团队、一支文化志愿者队伍"。[①] 二是统一购买基础公共文化服务，将文化项目由乡到村层层落实。三是政府要设置专项资金用于对文化站工作人员的技能培训、就业指导和薪酬发放等。

（二）合理分配文化资金投放比例

受经济发展水平、人文、地理环境等差异的影响，各地区乡村公共文化的发展程度也各不相同。所以，各级政府要结合当地实际，依据区域特征和人民群众共同的需求，合理规划资金投入比例，及时整理汇总并分析文化资金使用情况，及时调整不合理的运行结构。偏远农村地区底子薄，经济发展较差，要加大对偏远地区的文化资金投入比例。另外要建立城乡公共文化服务联动机制，加强城市对乡村文化建设尤其是对偏远地区的结对帮扶力度，缩小城乡文化发展差距，让农民群众也能享受普惠、高效、便捷的公共文化服务。

---

① 吴理财. 文化治理视域中的公共文化服务体系建设 [M]. 北京：高等教育出版社，2016. 10.

（三）拓宽文化资金的筹集渠道

在公共文化建设中，不能光靠政府发挥主导作用，政府还需要调动多元主体力量共同参与到公共文化的建设中。通过协调社会组织，发挥社会组织的力量，积极依靠市场的作用，加强各地方的招商引才、兴办实业、政社合作等工作，为文化建设吸纳资金，为乡村文化建设提供稳定的发展资金。

三、创新公共文化产品供给和服务模式

现阶段，要丰富乡村公共文化产品的供给形式，结合农民群众的真实文化需求，有针对性地探索和创新公共文化产品的供给和服务模式。

（一）推动文化服务科技创新

首先是完善公共文化数字网络建设。对接乡村振兴战略和5G通信、"宽带中国""智慧网络"等重大信息工程建设，更新乡村陈旧老化信息设施设备，加快推进乡村公共文化云服务和数据平台建设。搭建集广播、电视等于一体的数字网络，实现广播电视由"村村通"向"户户通"转变。其次是积极整合开发农村地区特色文化产品，并利用互联网实现供给与传输，形成"互联网＋文化"的发展模式，提高文化资源的供给能力和文化的传播能力，如利用各大网站、App、公众号等宣传公共文化，通过各种电商平台进行文化产品的线上销售，增强现当代文化的传播力。

（二）创新公共文化产品供给

一是形成农民需求与文化产品相对应的线上供需数据库和线下服务平台。结合地方文化特色，将可供给的文化产品进行整理汇总，形成线上供需数据库。另外，搭建户—村—镇—县相结合的线下服务平台。通过建立供需数据库和线下服务平台，让群众在有需要时在就近的平台享受公共文化产品，实现文化资源的有效互通。二是坚持正确导向，加强对文化产品内容把关，创作文化精品，丰富优秀公共文化产品供给，如开展优秀文化遗产进乡村活动，鼓励农民群众创作及出版民间文艺作品，弘扬民俗文化、创作生产出更多集审美、艺术、观赏性于一体的优秀文化产品。通过这些文化产品供给，丰富农民的精神生活。

（三）活跃群众文化生活

一是积极探索和开展群众喜闻乐见的文化活动，鼓励和吸引农民群众广泛参与。以乡村振兴主题为切入点，组织农民群众开展多方位、深层次的文化活动。活动内容要贴合农民的实际，注意收集和反馈农民对活动的意见，不断改进活动内容与形式。二是鼓励农民广泛参与，共享文化发展成果。开展"民间文化艺术之乡""文明示范村"等精神文明创建活动，扶持农民自办文化大院、发展民间剧团等，让农民真正参与到公共文化建设中。三是抓住时机，利用当地的文化特色，打造特色文化品牌。让当地文化走出去，带动当地经济发展，促进社会持续进步。

四、塑造主体多元的公共文化人才队伍

乡村公共文化人才是人才队伍体系及队伍建设的重要组成部分，承担着乡村文化宣传、策划、组织等职能。推动公共文化体系建设，人才队伍是关键，塑造高素质的人才队伍是推动乡村文化繁荣发展的必然要求。

（一）加强基层公共文化队伍建设

要补齐基层公共文化队伍建设存在的短板，满足乡村文化振兴的发展要求，就要做到以下几个方面。一是完善乡村文化事业选人用人机制。通过公开招聘、竞争上岗等方式，配齐乡镇综合文化站工作人员，保证乡村文化事业人员质量，规范选人用人程序。二是加大教育培训投入力度。定期组织公共文化从业人员开展业务培训，提升从业人员综合素质，改善其薪资待遇，调动其积极性。鼓励高校毕业生和志愿服务者到基层从事文化事业工作。三是培育当地文化骨干。充分挖掘农村地区党员、退休干部、手工艺人等文化能人，活跃农村文化生活，传承民间文化，为乡村文化振兴培育人才队伍。

（二）培育和规范文化类社会组织

文化类社会组织主要指相关行业协会、基金会、民办非企业单位等，它们能够为公共文化服务体系建设提供智力支持，奠定坚实基础。一要依法对文化类社会组织进行引导、扶持、管理和监督，明确社会组织在公共文化建设中的

主体责任，提升农村公共文化服务的质量。二要完善对社会组织的管理制度，政府在对社会组织进行管理的过程中应当做到公平公正，及时掌握社会组织在公共文化领域的运行状态，规范社会组织的运营。三要强化对社会组织的监督，通过建立完备的监督考核体系，加强政府、社会组织自身以及人民的监督，促进社会组织不断发展。

（三）鼓励和支持多元主体参与

政府要进一步简政放权，优化投资环境，吸引更多主体力量投入公共文化领域。推广政府和社会资本合作的模式，促进公共文化主体和提供方式的多元化。积极培育农村文化市场主体、龙头民营文化企业，鼓励民营企业通过提供设施设备、项目资助、公益赞助、招标冠名等方式参与乡村公共文化服务体系建设。深入挖掘文艺工作者、文娱爱好者等作为志愿者参与乡村公共文化服务。

五、优化公共文化服务运行机制

公共文化服务运行机制能够保证公共文化服务的有效开展和有序运行，也能够为乡村文化振兴提供制度保障，因此要优化公共文化服务运行机制。

（一）革新公共文化服务体系协调管理机制

一是加大对乡村公共文化服务体系的建设和统筹力度，可以借鉴城镇及部分乡村公共文化建设的先进管理经验，革新本地公共文化运行机制。二是加强文化阵地管理。加强对农村文化馆、图书馆、影剧院、乡镇综合文化站的管理，不得将其挪用、拍卖和租赁。坚持建立好、管理好、使用好、服务好的原则，制定乡镇综合文化站、村文化活动室的管理办法。要对财政经费的相关使用明细做好登记，并对管理和使用情况做好定期评估。三是畅通群众文化需求表达反馈机制。通过网络平台和线下走访的方式，深入群众，了解群众真实的声音，并及时对群众的需求作出回应，形成需求表达与反馈的良好互动机制，提高乡村公共文化的服务质量。

（二）健全公共文化服务法律体系

要加大力度保障农民群众的基本文化权益，使他们接受优秀文化的熏陶。

一是从制度层面健全乡村公共文化服务法律体系。通过修订乡村公共文化服务法律体系，让人民群众有法可依，促进乡村公共文化有效运转，让文化成果最大程度惠及农民群众。二是从实践层面落实乡村公共文化服务法律体系建设工作。各村级单位及公共文化服务工作人员要担起责任，为群众普法、教群众学法、让群众用法。通过现场宣讲或者网络宣传，增强群众的法律意识，让群众学会用法律武器保障自己的合法权益。

（三）完善公共文化考评和监察机制

当前，我国农村地区公共文化服务领域的考评和监察机制还不完善，需要进一步加快完善规范体系。一是建立公共文化绩效考评制度，对公共文化从业人员和服务机构进行考评。对公共文化从业人员的考核内容包括技能、业绩等方面，对机构的考核包括机构内部运行机制、项目的服务成效等。二是加强对重大文化项目资金使用、实施效果、服务效能等方面的监督和评估。明晰项目资金投入的具体情况，完善服务质量监测体系，研究制定公众满意度目标，建立健全群众评价和反馈机制，畅通群众需求表达渠道。

第八章

加强乡风文明建设，保障乡村文化振兴

习近平总书记强调，要重视"三农"问题，加快农业农村现代化建设，推进乡村产业、生态、文化等振兴，实现乡村"产业兴旺、生态宜居、乡风文明、治理有效、生活富裕"的总目标，最终使农村走向"农业强、农村美、农民富"的新农村道路。由此可见，乡村振兴既需要物质文明振兴，同样需要精神文明振兴。实现乡村富裕既要富"口袋"，又要富"脑袋"；要"扶志"更要"扶智"。乡风文明是乡村文化振兴的重要一环，也是引领乡村文化振兴实现的重要举措。"乡村振兴，乡风文明是保障"，它能体现农村地区农民群众的精神风貌，积极打造文明乡风、形成淳朴民风，对于推动乡村文化大繁荣大发展具有重要的战略意义。

第一节　乡风文明建设概述

建设乡风文明是建设社会主义新农村及构建和谐社会重大战略部署的重要内容之一。它在一定程度上体现了新形势下农村经济、政治、文化和社会发展的要求，对农村的经济社会发展具有重要作用。

一、乡风文明与乡村振兴战略总要求的内在联系

乡村振兴战略是中国特色社会主义进入新时代作出的科学论断，更是党在准确研判我国目前经济社会发展趋势以及乡村发展演变态势的基础上，为推动城乡协同发展提出的战略性举措，为未来新农村建设提供了基本框架和宏伟构想。随着《乡村振兴战略规划（2018—2022年）》的正式出台，乡村振兴战略启动实施。为实现农村全面发展，文件明确了"产业兴旺、生态宜居、乡风文明、治理有效、生活富裕"总要求。乡村振兴，乡风文明是保障。乡村振兴战略的一个重要组成部分就是"乡风文明"，乡风文明自身蕴含的丰富的文化内涵，是乡村振兴战略之铸魂所在，是最基本、最持久、最深沉的力量，贯穿乡村振兴的各个方面。乡风文明与"二十字方针"的总要求的各个方面的内在联系，主要表现在以下三个方面：一是乡风文明助推产业兴旺，为生活富裕打下物质基础；二是乡风文明韵染生态宜居，为美丽乡村注入文化元素；三是乡风文明内化乡村治理，为乡村和谐提供人文规范。

乡村振兴战略提出来的五大战略目标和新要求，体现了新时代加强新农村建设在经济、政治、文化、生态、社会等方面的新要求和新举措，为当前乡村文明建设也指明了方向。乡村振兴战略的实施为乡风文明建设创造了有利条件，也带来了新的机遇和挑战。可以说，乡风文明建设为乡村振兴战略中其他目标的实现起到一定的作用，它们是相互影响、相互促进，辩证统一的关系。

二、乡风文明的内涵

在乡村振兴战略的实施过程中，不仅要发展物质文明，更要注重精神文明

的发展，改善农民的精神风貌，培育和发扬良好的乡风、家风和民风，持续提升农村的精神文明发展程度。乡风文明是一定时期和一定范围内在自然条件和社会文化共同作用下逐步形成并被人们接受、仿效、传播与流行的良好的社会风气、生产生活方式、习俗、思维观念等方面的总和。乡风文明旨在倡导人们科学理性、文明开化，扫除农村愚昧落后、封建保守的不良习气，用社会主义新风尚引领新时代农民，使农村形成乐观向上、积极健康的良好风貌。乡风文明是农民对美好生活的期许，更是实现"两个百年"目标、实现中华民族伟大复兴中国梦的必不可少的条件。乡风文明主要体现在农民的思想观念层面、道德行为层面、生活方式层面以及社会风俗层面等，具有传承性、时代性和群众性等特点。新时代乡风文明的具体内涵表现在以下几个方面。

首先，新时代的乡风文明是传统与现代的融合。它既继承了传统文化的优良基因，又是新农村建设的核心要素，充分呈现出新农村的新风貌。乡风文明以乡风为重点，以文明为根本落脚点。它强调移风易俗，破除陈规陋习，转变保守落后观念；倡导推陈出新，与时俱进。

其次，新时代的乡风文明是乡村文化与城市文化的融合。振兴乡风，既要继承农耕文化中的优秀基因，又要吸收城市先进文化，注意运用现代科技手段和新型智能技术，实践探索出乡村特色文化。努力做好城乡融合，引导城市带动乡村，在资源配置上将人才、技术、公共资源等向农村倾斜，为农村提供政策性支持与帮扶，提高农村文化服务的覆盖面，促进城乡文化的融合发展与有效衔接。

最后，新时代的乡风文明是中国文化和世界文化的融合。文化创新离不开社会实践，文化多样性又是文化创新的基础。新时代乡风文明以乡村文化为根源，以中国特色社会主义先进文化为价值引领，在历史与现实、中西文化交汇点上，要想获得长远发展，必须借鉴国内外不同民族优秀文化，结合新的时代要求不断进行自我革新，发展符合我国乡风文明建设内在要求的新时代文化。

乡风文明的形成和发展关键在"建设"，而"建设"实际上是指"创建"和"养成"。所谓"创建"，是指把农村、农业及农民作为一个整体，在一定的自然和社会条件下，人在改造客观世界的同时，主观精神世界也在随着社会环境的变化而不断改造，人与人、人与自然、人与社会的关系不断优化，进而实现人与人、人与自然、人与社会和谐相处。所谓"养成"，就是在日常践行中逐步养成习惯，形成高度自觉。具体来讲，乡村文明建设，就是指乡村思想道德建设、优秀传统农耕文明的继承与弘扬等内在精神力量的发扬，以及乡村公共文化建设及具有民间特色的移风易俗行动等外在形式的呈现，是内在精神力量与外在表现形式的有机统一。

三、乡风文明在乡村振兴中的地位和作用

"乡风文明是乡村建设的灵魂。乡村建设根在铸魂与强魂。"[①] 乡风文明是一定时期内社会对乡风的普遍要求，是农村社会精神面貌的总体体现，具有民族多样性、历史传承性和与时俱进的特点。乡风文明建设中呈现出的乡贤文化、村规民约、家风家训等都是实现文化振兴的重要载体，是引领乡村实现乡村振兴的重要举措。乡风文明可以为乡村振兴提供精神动力、人文环境以及和谐的乡村治理环境，对于丰富农民的文化生活和精神生活，提升农民思想道德素质，形成良好社会风气，营造优良乡村社会环境具有重要的现实意义。

（一）提升农民思想道德素质，培育良好社会风气

乡风文明是提升农村物质文明、政治文明和社会文明的重要因素，是农村经济社会发展的思想保证、精神动力和智力支撑。农民是乡村振兴的主要力量，因此，要着力提高农民的思想道德素质，改变农民传统的生活方式和落后的思想理念，培养健康文明的生活方式、消费模式，更好地促进农村发展。然而，在农村长期的发展过程中，农民形成的一些生活习惯与乡风文明不合时宜。比如，部分农民自身能力不足、缺乏技能和创新观念，存在自卑和消极心理，生活上时间观念差、生活懒散、缺乏契约精神。另外，农民的娱乐活动基本上是打麻将、拉家常、看电视等，缺乏强身健体的意识，更缺乏持之以恒的毅力，这些都是乡风文明建设的重点。为此，必须对农民进行思想道德教育，提高他们的思想认识。通过加强移风易俗，改变农民传统的生活方式，引导农民形成健康积极的生活状态，为农村营造积极、良好的社会风气。

---

① 徐越. 乡村振兴战略背景下的乡风文明建设 [J]. 红旗文稿，2019，(21)：32-34.

（二）丰富农民精神生活，激活发展内生动力

乡风文明既是农民素质的体现，也是乡村振兴的精神动力。乡风文明建设的主阵地在农村，主体参与者、建设者、受益者都是广大农民。通过鼓励文艺作品创作、扩大文化设施建设，开展文艺演出等方式加强乡风文明建设，有助于丰富农民的精神世界，营造良好社会风尚；有助于提升农民的精神素养，为乡村振兴提供精神指引；有助于提升农民文化水平，为实现乡村振兴提供精神保障；更有助于在整个农村营造积极向上的氛围，为乡村振兴提供精神动力。农民落后的思想观念得到转变，精神需求得到满足，就能调动其谋生发展的积极性，形成务农经商、自我发展的基本生存技能需求和发展意愿，激发勤劳致富的意识，增强致富本领，最终实现物质和精神共同富裕。

（三）营造优良人文环境，奠定乡村治理社会基础

乡村振兴战略中的"生态宜居"就是要推进乡村绿色发展，打造人与自然和谐共生发展新格局。生态宜居既是自然环境的宜居，又是人文环境的宜居。挖掘乡村丰富的历史文化资源，有利于充分发挥教化群众、淳化民风的作用，为乡村奠定良好的道德基础；而加强乡村公共文化设施建设和文化服务体系建设，对于满足农民的精神需求，提高农民的人文素养，为乡村营造优良的人文环境具有积极意义。思想道德建设和精神文明建设作为人文环境中的重要内容，其本身就属于乡村治理的一部分。加强农民思想道德建设和精神文明建设，有助于引导农民强化自治意识，真正参与到基层民主自治中来，积极参加村民议事、村民代表会议，自觉行使群众知情权、参与权、监督权，打造民主自治的乡村队伍。同时，强化农民文明意识、法律意识，破除早婚早育、天价彩礼等陈规陋习，鼓励农民程序上访，自觉运用法律武器维护自身合法权益，维护农村社会和谐稳定，构建乡村治理新秩序，为实现乡村振兴提供秩序支撑。

第二节 我国乡风文明建设的成效与困境

近些年，我国高度重视乡风文明建设，各地乡风文明建设形式多样、内容丰富，得到了广大民众的支持与认可。加之农村经济不断发展，农民的生活状况得到了明显改善，这为乡风文明建设奠定了良好的物质基础。与此同时，乡风文明建设也取得一定的成效，农村的社会风气得到改善。乡风文明建设的模范乡村纷纷涌现。但是，乡风文明的建设不是一蹴而就的，在建设的过程中还存在不少问题。

一、我国乡风文明建设取得的成效

近年来，我国乡风文明建设在实践层面取得了很好成绩，不良乡风得到一定扭转。结合我国农村发展实际，以下将从农村教育事业、农民综合素质、农村法制建设、农村特色文化四个维度来阐释我国乡风文明建设取得的成就。

（一）农村教育事业取得明显成效

1.农村义务教育深入推进

一是义务教育的实施让农村学生有了平等地受教育的权利。自 2015 年国务院印发整顿城市和农村义务教育的《国务院关于进一步完善城乡义务教育经费保障机制的通知》后，中央、省、市、县搭建起义务教育之间按照项目、任务、比例统一的经费保障的体制机制，改变了先前单独针对城市、农村设计的运转模式，这一重要举措有效保障了城乡教育公平。近年来，国家进一步强化九年制义务教育的推进工作，重点实施农村中小学危房改造、中小学宿舍安居、住宿制学校宿舍维修等多项工程，并取得了良好成效。二是各级相关部门重点关注乡村教师人才队伍建设。教师作为教学和办学过程的主要参与者，决定了学校的发展质量。为了留住乡村人才，国家着力解决农村的编制不足问题，并会同各级教育主管部门和学校构筑教师培训学习的长效发展机制，利用现代远程信息技术的优势，分层次、分类别、分步骤地开展线上培训，提高教师的专业技能。实现规模化培训，既能够降低培训成本，又能够提高培训质量，达到预期的培训效果。

2. 农村职业教育成效显著

农村职业教育从最初的没有起点、没有基础，逐步形成了较为完善的农村职业教育体系。经过改革开放 40 多年发展，国家经济、社会、文化各方面取得了进展，我国的农村也初步形成了以农业高等院校为方向，乡（镇）村成人技校、农业技术推广学校为骨干，中级、初级农村职业技术学校为主体，面向农村转移劳动力、农村干部的培训体系。这一农业职业教育体系实行农业、教育、科学统筹结合的形式，在农村成人教育、农村职业教育、农业高等教育三个领域实现了科学规划布局、协调互进、相互补充。《国家中长期教育改革和发展规划纲要（2010—2020 年）》强调要"重点抓好县级职教中心建设，使之更好地承担起为农村劳动力转移培训服务"，对农村职业教育的进一步创新发展起到了保障作用。

（二）农民综合素质得到提高

1. 农民思想道德观念进步

随着国家义务教育的普及，越来越多的农民树立起了终身学习的理念，农民的思想观念和道德行为进一步解放。围绕"四德工程"，即社会公德、职业道德、家庭美德、个人品德四方面，国家推行了科学、教育文化素质培养。通过在乡镇基层推行"公民实践道德年"活动、利用寒暑假进行"志愿者进村宣讲"实践、在乡村推行"反封建迷信、树文明风尚"主题教育活动、文明镇和农村星级文明家庭创建、农民素质培训工程等一系列活动，有针对性地解决了农民思想道德建设方面存在的突出问题，提高了农民的整体素质。加之媒体加大对典型人物、事件的宣传，使农民思想道德水平上了一个新台阶。

2. 农民科学技术水平提高

我国农村科技工作取得了许多新突破和新进展，农业综合生产能力实现了质的飞跃，农村基础设施和公共服务明显改善，新一轮科技革命和产业变革为农业转型升级注入强劲动力，农民一定程度上掌握了移动互联网营销的模式，特别是在淘宝、京东、选村品等网站上进行销售，在农村也形成了类似淘宝村的现象。农民利用科学技术，结合本地优势引进农作物种植、现代化养殖、沼气池太阳能等相关技术，极大地促进了农村地区经济的增长。农村信息化建设发展迅速，逐渐形成全覆盖趋势。各地先后涌现出一批典型试点，信息资源的整合已渗透到农民生产、生活的方方面面。农民对信息的需求更加倾向于实用性。随着互联网的快速发展，农民获取信息的方式和渠道也越来越多元化，信息化在"三农"中发挥的积极作用也日益凸显。

3. 农民政治参与意识增强

随着经济社会的发展，农民开始出现各种基于共同需要和利益而自发形成的社区组织，如经济合作社、社区民间组织等。村民委员会组织农民开展多种自治活动，完善了管理、教育、服务、监督的平台，其中的运转机理是农民在选举、决策、管理等方面实现民主。农民在群众自治组织中开拓了眼界，提高了政治参与能力。近年来，随着农村宽带互联网、手机移动终端普及率的提升，农民通过微博、微信、QQ 等网络媒体表达意愿不断增多。农民的法律知识水平、维权意识不断提高，运用法律解决矛盾的能力得到提升。

（三）农村法治环境不断改善

1. 农村法治体系初步形成

随着依法治国方略的贯彻执行，法治精神逐渐深入人心，农村的法治建设取得长足的发展，基本上形成了以《农业法》为中心的农村法律框架体系。国家建设社会主义新农村以来，先后对与农业相关的《农业法》《农产品质量安全法》《农业保险法》等法律法规进行了修订或废除，从立法的角度维护农民的合法权益，确保了农村改革的正常推进，同时也充分保障了农村的民主政治建设，并从法律规章制度上予以维护。

2. 农村依法行政能力初见成效

农村的行政执法能力在农村法制体系初步形成的过程中充分显现，主要体现在以下两个方面：一是明确执法主体的性质。基层中同农村紧密联系的行政团体组织，存在执法主体众多、界限分工模糊等问题，导致了因矛盾纠纷引起的冲突不能切实解决，基层政府在农民群众中的公信力不足。新农村乡风文明建设需要合理确定多个部门的职权、各具体事项的分管负责人，行政执法在经过行政委托或行政授权后加以明确，防止在工作中出现行政部门执法权责不清的情况。二是行政执法的程序合流程、合规范。种植业、畜牧业、渔业、农业经济管理等方面的行政管理基本上都有行政许可、行政处罚的相关程序要求，与此相应，执法人员的公务素质有一定提升。

（四）农村特色文化得到传承

1.优秀的民俗文化得到保护

随着新农村建设上升为国家重大发展战略，各地强化了建设规划意识，农村民俗文化也走上了科学的、有针对性的保护轨道。农民业余生活多样化，部分优秀的民俗文化得到传承。农村具有鲜明特色的文化成果、民间民俗文化资源得到合理开发及综合利用。政府对民俗技艺传承人和名师授予表彰性的称号，对有优秀民俗文化技艺传承的地方给予诸如某艺术之乡的冠名，并由乡镇一级政府牵头，开展与之相关的主题活动，对具有特殊保存、遗存价值的民俗村落进行整体性、科学性的规划保护。

2.优秀的民俗文化得到开发利用

中国是具有悠久历史文化传统的多民族国家，文化在历史发展长河中所展现的魅力举世瞩目。在新农村建设过程中，经济建设、传统文化与生态系统的可持续已被作为一个整体加以关注，优秀的民俗文化在农村得到了合理开发和利用，由此带动了经济结构的转型，农民收入和生活水平得到提高；反过来，农村的特色经济发展也能够进一步推动农民更好地保护优秀民俗文化。习近平总书记在安徽小岗村考察看到当地取得的成就时指出，要将农村建设成天蓝、水清、地绿，让农民留得住对土地的记忆，建设环境整洁、民俗内涵丰富的美丽乡村。互联网的运用，带来农民思想认识的开拓，一些农村地区挖掘当地剪纸、雕刻、绘画等民间手工技艺，结合本地区的山、林、水等优质的自然资源，打造出具有民俗风情的旅游、民宿等项目，培育美丽乡村、发展一村一品、一村一韵的特色旅游经济。

二、我国乡风文明建设面临的困境

我国在乡风文明建设方面取得了一定成效，但依然存在诸多问题。具体表现在以下几个方面。

（一）乡风文明建设物质基础滞后

现阶段我国农村文化基础设施建设相对薄弱，难以满足农民精神文化生活需要。一是乡村公共文化设施不齐全。目前所拥有的农村文化基础设施还不能适应文明乡风培育的需要。我国在文化基础设施管理方面比较落后，现代化水平低，而且利用率低，缺少管理机制。文化站、博物馆、图书馆、老年活动室、少年宫艺术馆等公共文化基础设施，在有些农村地区形同虚设，没有实际利用价值。农村文化设施建设的目的是在农民农闲的时候丰富农民的业余文化生活，但很显然实际效用发挥并不理想。有的地方公共文化场所破旧简陋、设备陈旧，甚至压根没有。二是乡村人居环境不美观。受建设资金和年代限制，农村的很多自建房缺乏整体规划，导致其在建设过程中分布分散、布局混乱、配套设施低，风格杂乱无章，影响乡村整体美观。另外，空心村现象严重，在农村还存在很多危房、破房、老房。农村卫生条件差，生活垃圾和生活污水处理不当，严重影响农村整体风貌。三是乡村文明建设资金投入不足。受二元经济体制和资本逐利性影响，政府为农村基础设施建设提供的资金不足，仅有的项目资金也优先用于农村经济建设，这就造成农村文化基础设施不完善，农民的基本文化权利得不到有效保障。

（二）农村思想道德建设不深入

在乡风文明建设中，坚持正确意识形态的指引，深入推进社会主义意识形态的宣传工作是重中之重。目前我国乡村思想道德建设还存在各种问题，乡村社会风气有待提高。另外，由于封建思想和封建迷信的遗留，导致部分农民思想落后、安于现状，缺乏进取和创新意识；科学文化素质不高，理解和接受新思想、新观念、新技术的能力不强；民主法制意识淡薄，对涉及自身利益的政治生活参与不足。这些都不符合乡风文明建设的要求，不利于农民群众思想道德提升。

（三）乡风文明建设人才缺位

乡风文明建设的人才缺位主要表现在传统文化传承面临断代、农村文化服务专业人才队伍缺乏。一是传统文化的传承面临断代。由于传承优秀传统文化的专业人才匮乏，很多传统的手工技艺、地方曲艺或者乐器演奏等优秀传统文化濒临消退，逐渐断代失传。二是缺乏农村文化服务专业人才队伍。乡风文明建设离不开高素质人才，但是在农村地区，大量青壮年劳力、知识分子、精英人才不断外流，教育、医疗等方面也存在人才紧缺的现象。受农村优质资源匮乏、发展计划受限、持续发展空间不足等因素影响，农村本地人才"望而止步"，外地人才"招不来"更"留不住"，严重影响了乡风文明建设的进程。

（四）乡风文明建设治理体系不健全

乡风文明建设是一项长期且艰巨的任务，离不开相关制度和机制作为保障。就目前来看，我国广大农村地区乡风文明建设治理体系还不健全。一是政府重视程度不够。在全国范围内，仍有部分基层干部不能充分认识到文化建设在农村经济、社会等方面的促进作用。另外，部分农村基层党组织作用不明显，存在"弱化""沙化"等问题，影响乡风文明建设进程。二是规章制度有待完善。农村成立的村民议事会、红白喜事理事会、村级乡贤会等社会组织没有充分发挥作用。尽管制定了一系列关于乡风文明建设的制度规定，但往往都是"写在纸上、挂在墙上、放在嘴上"，乡规民约流于形式。三是组织机构不健全。村委会作为乡村文明建设的主力军，内部工作人员年龄比例失衡，专业化人才较少，没有形成科学的规章制度。

第三节　加强乡风文明建设的对策建议

乡风文明建设的进程事关乡村振兴战略全面实施的成效，对于实现社会主义现代化强国目标、推进中华民族伟大复兴实现具有重要的现实意义。针对乡风文明建设过程中存在的乡风文明建设治理体系不健全、农村思想道德建设不深入、乡风文明建设物质基础滞后以及乡风文明建设人才缺位等问题，本节主要从以下几个方面提出加强乡风文明建设的对策建议。

一、夯实乡风文明建设的物质基础

经济决定文化，乡村振兴战略视域下乡风文明建设存在问题的根本原因是农村经济发展滞后。因此，要解放思想，创新农业农村发展思路，大力发展农村经济，推动农业农村高质量发展，为乡风文明建设奠定物质基础。

（一）创新农业发展思路

提升乡风文明建设水平，首先要从根本上发展农村经济，缩小城乡差距，引导农民破除思想禁锢，创新农村发展思路。一是破解传统农业小农化、分散化的情形，推动农业走规模化经营、产业化发展的路子。通过整合分散农户，统筹规划农业发展资源，探索合作化、集约化的经营模式，实现农业的集中发展，提高农业生产效率。二是转变被动发展的思维定式。地方政府要积极主动开展外出培训、学习交流。推动招商引资，了解市场动态，创新融资渠道，吸引更多资本、人才涌向农村，汇聚人力、物力和财力，加快农村建设。三是突破地域思维，统筹城乡发展。将城市先进的农业生产技术、管理经验引入农村，将城镇居民的消费需求引入农村生产中。农村也可以将农业产品有效对接非农城镇的市场，共享城乡创新成果和发展收益。实现城乡协同发展，共享共赢。

（二）壮大农村集体经济

壮大农村集体经济，能够让农民实现家门口就业，有效改善农村就业难的问题。既增加了农民的经济收入，又能为乡风文明建设提供物质保障。一是将现有的村集体资源优势转化为资本优势，大力发展村集体经济。利用农村现有的土地、森林、田地、水湖等村集体资源，发展市场前景广阔、带动力强的产业，并形成产业链，增加产品附加值，增加村集体经济收入。另外，结合农村绿色资源优势，发展绿色朝阳产业，形成集旅游、观光、娱乐、康养于一体的产业融合发展路线。二是加快推进农村集体经济产权制度改革，将村集体拥有的资源性资产、经营性资产、非经营性资产通过股份合作制的形式进行确权，明晰全村村民具体产权，实现资源变资本、现金变股份、村民变股东，激发农民的生产热情。三是推动"强帮弱"的联合发展策略，鼓励强村帮扶弱村，促进抱团协作、优势互补，壮大农村集体经济。主要采用结对帮扶的模式，进行跨地区、跨产业联合协作，共同开发市场潜力大、预期收益高的项目，让经济效益高的村庄带动薄弱村庄经济发展。

（三）加快农村基础设施建设

一是加大资金供给。创新筹资渠道，扩大资金投入力度，是建设农村基础设施的前提条件。首先，制定更具有吸引力的税收优惠政策和财政支持政策，引入民间资本与政府一起建设农村基础设施。其次，明细资金供给途径，预防腐败现象发生。要设立专门的资金管理机构，加强对资金的专项管理，切实保障专项资金能够全部投入到农村基础设施建设领域。最后，创新融资平台，发展农村政策性金融。政府应当加强与农村政策性银行的合作，围绕城乡建设一体化目标，推出新型金融产品，进一步吸引农村和城市的闲散资金进入农村基础设施建设领域。

二是做好统筹规划。以"统一规划、部门合作、专家衔接"为指导方针，明确农村基础设施建设目标，防止各项资源的浪费。首先，可以探索在各个乡镇设立工作小组，吸纳国土部门、规划部门及村委会人员进入工作小组，统一对农村基础设施建设进行规划，提升规划的科学性和可行性。其次，要正确处理好生态文明建设与农村基础设施建设之间的关系，农村基础设施建设不能破坏生态环境，尤其不能破坏耕地红线，确保农村可持续发展。最后，可以探索成立专家库，在建设农村基础设施过程中认真听取专家的意见和建议，科学建设新农村。

三是引导农民积极参与。首先，在建设农村基础设施前要对项目的可行性进行评审，认真听取农民代表的意见和建议。应当深入基层宣传最新的政策，鼓励农民民主地表达自身的建议，正确处理好政府与农民主体之间的关系。其次，在满足农民合理需求与意愿的基础上，鼓励农民参与到基础设施建设当中，调动农民参与积极性，将农村基础设施建设引入健康发展的轨道。最后，积极做好宣传动员工作，适当提高征地补偿，与农民进行公平合理的谈判，告知农民基础设施建设的重要性，赢得农民对相关工作的支持。

二、加强农村思想道德建设

农村思想道德建设是农村精神文明建设的重要组成部分，加强农村思想道德建设有助于培育有理想、有道德、有文化、有纪律的新型农民，提高农民的思想道德水平和农村的社会文明程度，促进农村社会全面发展。

（一）树立新型道德观

在新农村建设中，要用新型的道德观推动社会主义新农村的精神文明建设。引导农民培养科学文明的生活方式，树立新型农民道德观，提升思想道德品质。一是强化农民的基本道德规范。坚持用社会主义核心价值观引领农民加强基本道德规范学习。利用农村学校开展思想道德教育，创设各种活动，采取多样化形式引导农民树立社会主义荣辱观。二是培养农民的法制观念，为新农村道德建设提供制度保障。通过建立健全农村普法体系，采取"送法下乡""民主法治示范村"创建、法制文艺汇演、现场普法咨询等多种形式开展法制宣传教育，提高农村基层干部和农民群众的法制观念和法律意识。

（二）弘扬传统美德

弘扬传统美德要贴近实际、贴近生活、贴近农民群众。要紧扣农民群众的思想脉搏，最大限度地吸引群众广泛参与，引起群众的共鸣，以引导他们实现自我教育。一是侧重点要与农村实际情况相结合。在农村地区，农民居住较分散，社会组织性较城市弱，道德风尚主要体现在个人道德和家庭道德层面，需要侧重宣传和弘扬以"孝道"为核心的个人美德和家庭美德。二是方式方法要与农村地区相适应。农村地区道德氛围的营造有其特殊性，利用广播、电视、报纸、互联网等宣传渠道在农村地区营造道德氛围，难以引起农民群众的关注和参与，效果并不明显。农村地区培养个人道德和家庭道德，需要更多实践性的方式方法。比如，可以借助农村地区传统节日中的"礼节规矩"，重塑农村传统美德；利用春节、清明节、端午节、中秋节和重阳节等国家法定节日，大力倡导基层营造传统节日气氛，让人们在走亲访友中学习行传统美德，提升道德境界，促进乡风文明建设的发展。

（三）树立先进典型

榜样的力量是无穷的，通过树立先进典型，以其优秀品格来影响更多的农民，从而推动良好的农村社会风尚的形成。在农村的日常生活中，举行各种各样的文明比拼，比如"道德模范""文化能人""能手巧匠"等。在进行文明比拼的过程中，可因地制宜地设置比赛环节："道德模范"比拼可通过参赛者讲述自己的先进事迹来感染群众，引发群众的共鸣；"文化能人"比拼可展示农民的文化素质和特长，利用活泼的文艺形式来吸引群众。此外，要引导农民群众积极参与，创新投票的方式，拓宽投票的渠道，通过网络或者书信的方式，向当地评比活动组委会推荐人选。新闻媒体的宣传报道也要注重宣传形式，宣传手段要多样化。创作文艺影视作品，把先进典型的光荣事迹推广到银幕上，让更多的人读懂文明，积极主动地向文明靠拢。

（四）推进移风易俗

歪风恶习是乡风文明缺失的显著表现，不但不应该忽视或漠视，还要将其作为推进移风易俗的重要突破点和主政方向。歪风恶习在农村地区依然存在，且在一些地区有抬头之势，必须采取行之有效的惩治措施，推动移风易俗的深入，引导文明的农村社会风尚，为乡风文明建设营造良好的社会氛围。惩治歪风恶习要根据实际情况分类对待，引导与惩戒相结合。对待只涉及个人层面，不会对农村社会产生较大影响的情况，主要采取引导教育的方式进行纠正，通过宣传教育引导农民形成科学、理性的思维和行为习惯。

三、加强农村专业人才培养和建设

农村文化建设离不开专业的人才队伍，因此必须多方位做好人才队伍建设工作，有效破解人才匮乏问题。

（一）留住青壮年人才

要努力让有知识、有能力、有才华的青年留在农村，为乡风文明建设提供人才支撑。选派大学生村官到基层，让大学生走上管理岗位，设立专项经费保障他们的福利待遇、住房等问题，解决他们的实际困难，以此留住大学生，促进干部年轻化。提高基层工作人员工资待遇，让资源向基层工作人员倾斜，让他们工作有干劲、生活有奔头，能无后顾之忧的好本职工作。

（二）培育新型职业农民

新型职业农民是指把农业生产当作一门职业，并拥有专业技术，能很好适应现代市场竞争的人员。一是国家要在政策和宣传上下功夫，改变人们对农村和农民的传统看法，让农业生产真正成为让人向往的职业。二是改变农民的落后思想，让农民主动接受新知识、新技术的培训，提升自我发展的本领。三是培训内容具体化。要用典型的案例让农民真正认识到科学技术能够让现代农业更加专业化和便捷化。

（三）引进专业人才

通过公开、招考、竞争上岗等招考方式，将品德、能力和素质作为考察的标准，面向社会公平、公开招聘，吸纳一批有文化、有素质和有担当的基层干部队伍。定期对各地区的基层干部开展职业生涯规划、定向定岗和在职进修等培训工作，借助互联网、党员活动室等平台，学习和贯彻党的方针政策、法律法规和科学知识。定期组织基层干部到全国先进地区的农村考察，学习科学的管理模式和先进的经验并进行转化运用，更好地建设乡村。

四、健全乡风文明建设长效机制

健全乡风文明建设的长效机制，需要从健全乡风文明投入保障机制，完善乡风文明监督管理机制，创建乡风文明考评激励机制三个方面发力。

（一）健全投入保障机制

政府的财政投入主要用于农村基础设施、人才队伍和阵地功能建设，为乡风文明建设提供资金支持。一是加大政府财政支持力度，设立专项资金，加强农村公共文化硬件设施建设，满足农民参加公共文化活动的需求。发展农村教育事业，利用教育资金投入重点文化项目以及各类公益性文化项目。二是政府要扩充融资渠道，大量募集社会资金，统筹农村乡风文明建设的政策、项目和资金，在每年的财政预算中单独列出经费。

（二）完善监督管理机制

要持续完善监督管理制度，防范乡风文明建设出现"一场风""造盆景"的问题，确保乡风文明建设落到实处。一是相关部门成立督查组，抓好乡风文明建设各项工程的督察工作，促使督导工作常态化。每月开展例行检查，按季度做好督察报告，深入农村基层按时督导乡风文明建设的进展。二是要组建乡风文明建设协调议事机构，成立专班，并由专人负责管理。由省市县乡村"五级书记"负责抓总，统一工作部署，严格监督管理，按照实际情况拟定科学对策，逐一破解存在的难题。在实际操作过程中，要把乡风文明建设工作任务分工到部门、细化到个人，省市县乡村五级机构建立相应工作推进台账，对乡风文明建设进行清单化、精细化、科学化管理。

（三）创建考评激励机制

创建乡风文明建设考评激励机制，就是要设立专门部门开展专项考核，并将其纳入各地区高质量发展的考评内容，同时将其作为各级政府工作成效以及干部选拔任用的参考依据。召开年度表彰大会，对于业绩突出以及优秀的单位及个人给予物质和精神奖励，对于在乡风文明建设工作中表现落后、业绩排后的部门和单位给予严厉处罚和严肃通报。通过约谈部门负责人和奖罚机制，压实部门负责人的责任，激发乡风文明建设的活力。

五、继承弘扬乡村优秀传统文化

中华优秀传统文化是农村乡风文明建设的根与魂。它代表着中华民族独特的精神标识和精神力量，是中华民族绵延不息、发展壮大的精神动力，是中国特色社会主义植根的丰润的文化土壤，是当代中国社会发展的优势力量。对于延续和发展中国文化、中国文明，进而促进人类社会全面进步，具有重要作用。因此，要充分继承和弘扬中华优秀传统文化。

（一）注重创造性转化和创新性发展

虽然创造性转化和创新性发展是一个整体，但二者各有侧重。创新性发展农村优秀传统文化就是要重点使中华优秀传统文化中积极、健康、合理的内容得到应有的运用和发挥，并使其赋有新的内涵，要做到既能解决现实问题，又能符合时代要求和农民群众发展意愿。从传统文化中汲取思想养料，在现实条件下致力于思想和文化的提升，重在提炼出融入体现时代特点的新内容，既与优秀传统文化相连，又与中国特色社会主义文化相契合。创造性转化农村优秀传统文化，就是做好中华优秀传统文化的现代转型工作，包括形式、理念和内容表达多个层面。要寻找优秀传统文化的基本要素，不断推陈出新，深入挖掘其中的宝贵价值，并赋予其时代内涵，丰富优秀传统文化的表现形式，不断增补和充实优秀传统文化。

（二）深入挖掘农耕文化

农耕文化有利于凝聚人心、教化群众和淳化民风。首先，农耕文化是农民在长期的农耕实践中形成的适应于农业生产的风俗文化，有着独特的文化内容与特征。农耕文化所体现的礼乐制度和人际交往理念与文明乡风所体现的社会风俗层面、生活方式层面的内容是相融的，农耕文化中的语言、戏剧、民歌、风俗等与文明乡风的特点相契合。其次，要致力于增加农村民间农耕文化理事会组织的数量，扩大教化群众的范围。利用理事会组织凝聚人心的优势，把积极因素凝聚到对农耕文化的发掘上。另外，要扩大教化群众的范围，通过建立农家书屋、农耕文化博物馆、农耕特色文化礼堂等活动场所，逐步完善教化群众的组织载体，展现农民精神文化生活的发展，以文化凝聚人心、教化群众。

（三）培养农村传统文化的传承人

当前，农村传统文化面临发展萎缩、人为破坏甚至消失匿迹的主要原因是后继无人。因此，要培养农村传统文化传承人。一是保护农村现有艺人。利用现代信息技术和互联网技术整理编纂农村传统文化统计册，并建立乡村艺人档案库。另外，对于开展传统文化或者民间手艺研究和传承的人给予津贴补助，并改善其生活和开展传统文化创作与传承的条件。二是培养新艺人。利用传统文化展览、乡间手艺竞赛等活动加大对传统文化的宣传力度，并吸引大量农村青年投身到农村传统文化的学习、保护和传承中。通过举办集中性培训班、农村传统文化讲堂、乡间技能培训学校等培训场所，为乡间技艺传承人创造开展传授文化知识和技艺的条件和平台。

第九章
注重文化元素融入，推动乡村文化振兴

  乡村振兴的最终目标是实现物质文明和精神文明的共同发展，其既能提高农民的收入，改善农村生活条件，提升农民的生活质量，又能够实现农民精神层面的享受，养成美的德行，让农民不再盲目追求城市的"现代化"，真正热爱农村的生活环境。为此，在乡村振兴建设中，要紧密结合特色小镇、美丽乡村建设，深入挖掘乡村特色文化符号，盘活地方和民族特色文化资源，走特色化、差异化的发展路子；以形神兼备为导向，保护乡村原有的建筑风貌和村落格局，将传统文化元素有效融入乡村振兴建设的各个层面，深挖历史古韵，弘扬人文之美，重塑闲适的人文环境和居住环境，重建田园风光和乡情乡愁。

第一节　乡村文化融入乡村规划

乡村规划是对未来一定时间乡村范围内空间资源配置的总体部署和具体安排，它不是单一的空间规划或建设规划，而是人口、产业、生态空间、基础设施和公共设施、风貌特色和实施建设等各元素高度关联、互相衔接协调的城乡统筹规划，也是各级政府统筹安排乡村空间布局、保护生态和自然环境、合理利用自然资源、维护农民利益的重要依据，是指导乡村建设的科学手段。

一、传统文化在乡村中的体现形式

传统文化在乡村中主要表现为农耕文化的记忆、儒家文化的教化、民俗文化的传承、宗族文化的维系和传统建筑文化元素的延续等几种情形。

（一）农耕文化的记忆

当今社会，传统农耕工具依然应用于现代农业生产，过去存在的二十四节气、耕作制度等至今仍然被人们遵循，某些民间习俗中仍然有原始农耕文化的踪迹，体现着农耕文化的历史延续性。农民在与大自然的长期互动中，不断改进农业生产技术、兴修农田水利，因时而作，孕育出了"天人合一"的哲学思想，形成了多样的民间风俗。在农耕活动中，发明创造出各种农业生产工具，凝聚着劳动人民的智慧和结晶，是农耕文化重要的物质载体。这些用作耕地、播种、灌溉和收获的农具自发明后沿用了数千年，如今这些传统的农具也在不断改进，在生产活动中发挥着重要作用，也是农耕文化在乡村中传承记忆的重要表现形式。

（二）儒家文化的教化

儒家文化中的道德礼仪自古以来对农民群众的生产生活都发挥着重要的教化功能。儒家文化的教化功能是中国的现代化治理的根基，其治理程度与在传统文化中需要吸收的养分成正相关。在农村，通常会通过让儒学进学校、开设乡村道德讲堂、名师讲授等多种方式推动儒学的传承，结合儒家文化潜移默化的特点，激发农民的文化认同感，塑造农民的价值观。将儒家优秀文化与农民的生产生活相结合，能够让文化的传承更有价值。乡村儒学是对中国传统儒学文化的创造性转化和创新性发展，融入了新的乡村内容，规范了农民的行为，提升了农民的伦理道德水平，增强了农民的责任感和幸福感。

（三）民俗文化的传承

民俗文化的产生、繁衍和生息都源于农村，这使得农村地区的民俗文化氛围更加浓郁。民俗文化的形式是多种多样的，包括了民间故事、传统节日、传说谚语等。随着城镇化进程的加快，农村的民俗文化出现了衰败和凋零，非遗及民俗文化的传承面临着重重困境。部分非遗技艺后继无人、遭到冷落，许多历史文化浓郁的古建筑、古树木遭到破坏，很多具有地方和民族特色的风俗习惯濒临消逝，庙会、集市气氛冷清，失去了原有的风貌。在西方文化的冲击下，部分传统节日也开始不被重视，几千年的节日风俗被冷落。因此，在乡村文化建设中，迫切需要立足乡村特色民俗文化，守住文化特色，坚定文化自信。

（四）宗族文化的维系

宗族文化作为传统文化的组成部分，在农村社会具有很大的影响力，具体表现为族谱、家训与祠堂。近些年，政府加大对宗族文化的保护和传承力度，宗族文化呈现出复兴态势。尽管几千年的宗族文化具有一定的局限性，在特定的历史时期遭受过批判，但总体上看，宗族文化在当代仍然能够激发族人的认同感和归属感，起到凝心聚力的作用。

（五）传统建筑元素的沿用

"传统建筑元素"是一个宏观的概念，传统建筑能诠释一个民族过去的生活方式、建造方法以及社会需求等，是传统文化的重要组成部分。中国传统建筑元素从宏观层面来看，主要包括选址、村落的布局方式、建筑单体的自由组合等，是中国古代人在长期实践中总结出来的设计方法；从微观层面看，中国传统建筑元素包括单体建筑的比例、尺度符号、建筑材料的运用，以及细部设计中的门窗、屋顶、墙面的处理等。

二、树立科学的乡村规划理念

科学实施乡村规划对于乡村地区的有序建设和可持续发展具有引导和调控作用；相反，如果乡村规划缺乏科学合理性，不仅解决不了当前农村建设的现实问题，反而还会带来许多新问题。《乡村振兴战略规划（2018—2022年）》对实施乡村振兴战略工作作出了具体部署，强调实施乡村振兴战略要坚持规划先行。编制村级规划是乡村振兴战略实施的重点和难点。

（一）做好乡村规划

如何做好乡村规划，助推乡村振兴战略实施，在新时代背景下显得尤为重要。要通盘考虑城镇和乡村发展，统筹谋划产业发展、基础设施、公共服务、资源能源、生态环境保护等主要布局，形成田园乡村与现代城镇各具特色、交相辉映的城乡发展形态。

在乡村旅游开发过程中，应体现尊重自然、尊重原貌的意识，以"乡愁"为规划设计的根本指导思想，保留本土的地方风情和文化。许多古村镇之所以吸引人，很大部分的原因就在于它对原貌及本土风情的保留，保存了乡愁的延续性。

科学规划理念是乡村规划的前提，它引领规划内容编制和规划实施落地，是决定乡村规划合理与否的关键要素。凝练村庄规划理念，要充分梳理村庄发展的宏观背景，把握从国家到省、到地市县乡以及相关区域等各级规划对村庄发展的定位等。在此基础上，做好村庄规划的顶层设计，提出规划指导思想、规划原则、建设目标、功能目标、产业目标等，促进形成具有辨识度的村庄发展体系，避免陷入"千村一面"的困境。

《乡村振兴战略规划（2018—2022年）》强调，立足乡村文明，吸取城市文明及外来文化优秀成果，在保护传承基础上，创造性转化、创新性发展，不断赋予时代内涵、丰富表现形式，为增强文化自信提供优质载体，深刻把握乡土文化的内涵和本地特色，为实现乡村文化内涵融入乡村规划提供基础和前提。乡村文化内涵隐藏于历史积淀塑造的人文内涵中，渗透和体现于农民独特的生活方式和生产方式里，因此挖掘美丽乡村文化应该先了解乡村所处的地域环境，从乡村农民的生产方式、生活方式和乡村景观三个方面入手。每个村落的发展，背后都有着不为人知的历史、传说，吃透隐藏在乡村背后的历史，才能更好地选择符合且独特的文化属性，打造一个乡村的文化品牌。

（二）留住乡村印记

乡村，对于当地居民来讲，是一种生活环境，也是一种生命印记。因此，乡村文化需要提炼一种让农民认同、游客感知的文化符号，如历史名人。乡村景观，包含因地域环境形成的地域自然风貌、乡村聚落形态，以及农田景观等内容，是农民与自然和谐共处、天人合一的原真文化的体现。在乡村景观的保护与开发中，需注意提炼乡村本土的元素，还原乡村本土的风格，保留原始的乡村风景，保留最初的感觉，保留历史的文脉，保留乡村的味道。

乡村生活方式、生产方式，最能体现乡村文化，是乡村文化的展示载体。在乡村规划中，文化的融入可以通过乡村农事活动体验、乡村农耕技术展示、乡村民俗活动体验等形式，让游客参与乡村旅游建设，让游客感受乡村、寻找儿时记忆的同时，感悟乡村文化，认同乡村生活。乡村文化涵盖农民生产生活的方方面面，乡村规划过程中应该对乡村自然生态文化和民俗文化进行提炼，确定乡村自然生态文化和民俗文化的表现主题，围绕主题对乡村文化进行发展，形成乡村品牌形象。

一方面，要大力保护并充分彰显富有传统意境的田园乡村景观格局、乡村传统肌理、空间形态和传统建筑，传承乡土文脉，保护非物质文化遗产和传统技艺，加强农耕文化、民间技艺、乡风民俗的挖掘、保护、传承和利用，让乡村成为乡土文化传承脉络的符号和乡愁记忆的空间载体，努力实现乡村文化振兴。另一方面，强调顺其自然，避免盲目跟风，尊重乡村特有的田园景观、传统建筑，慎砍树、不填湖、少拆房，尽可能在原有村庄形态上改善居民生活条件和乡村环境。

在建设美丽乡村的过程中，一定要结合本村的实际，把自身的个性和特色凸显出来，并把民风、民俗和生态环境等融合进去，形成适合自身发展的美丽乡村建设的模式，做大、做优、做强，使美丽乡村建设真正有"乡村味道"，提升乡村的品位和美誉度，也让广大农民从中获得更多的"红利"，真正实现村美、民富。

第二节 乡村文化融入景观设计

一个地方的景观设计如果抛开其生成发展的文化背景，就会变成无源之水，无本之木。因此，在景观设计中，要充分挖掘历史文化信息，提炼当地文化内涵，将其融入景观设计中，使景观设计能够体现该地独特文化，传承发展地域文化的同时，又赋予景观设计以独特的生命力。乡村景观设计以乡村村落、农舍、田园等自然景观和人文景观为基础，无论是自然景观还是人文景观，都离不开乡村文化，都是在乡村文化浸润和影响下形成的，决定着乡村自然景观的面貌与变迁。因此，乡村文化是乡村景观设计的核心要素，是乡村景观设计必须遵循和思考的首要问题。

一、乡村文化融入景观设计应遵循的原则

（一）地域性原则

不同地域具有各自独特的地域差异和地域特征。文化是体现这种差异的最本质的要素。乡村文化融入景观设计的要求是通过文化融入凸显地域性的自然风光及人文风情。第一，运用当地材料，反映地域特色。第二，提取并应用当地的"符号"，彰显地域文化。在乡村景观设计中，风土人情、哲理文脉等方面可以通过象征性设计符号来表达，设计手段以抽象象征为主，这样既能有效地增添环境体系的浪漫韵味，又能彰显地域特色。

（二）独特性原则

每一个村庄都是独特的存在，没有完全相同的两个村庄。因此，乡村景观设计应该充分挖掘乡村的独特性。即便是相邻的两个村子，也要找出差异点，设计出不同的乡村主题，这样"一村一品"才能实现"差异化"发展和村村联合。

（三）乡土性原则

首先是打造农耕场面。把农耕生活的一些典型景象（如麦场、水车石碾等）

提纯、集萃，源于生活而又高于生活地再现出来，牛背横笛、鸡鸣犬吠、门前小河、集市等都是农耕生活的点缀。其次是突出田园特点。田园风光是乡村的独特资源，乡村也因此贴上了空气清新、环境清幽、民风淳朴、生态怡人的标签，令人无限向往。在田园风光打造上，应以乡村文化为根基，不能脱离这个根本，只有这样才能真正吸引人，打造精神家园，形成美丽乡愁。最后是服饰与饮食突出乡土性。淳朴简单的乡村服饰、鲜美无污染的农家小菜，符合城市人崇尚自然、返璞归真的精神追求。

（四）适应性原则

适应性原则的要求是，将乡村文化融入景观设计时，一定要考虑文化与景观的匹配度与契合度。不能盲目地将体现城市文化和国外的要素纳入景观设计中，避免不伦不类、不土不洋、不中不西。景观设计不能离开乡村文化，要体现乡村文化价值和文化追求，契合乡村农民的文化、社会及功能需求，打造农民的精神家园。乡村文化是乡村景观设计的灵魂和核心。乡村文化并不是虚无缥缈、不可捕捉的，它有其生存发展的地域根基。要关注乡村文化的形成和发展脉络，挖掘其原真性和独特性，以点扩面，通过原生态乡村景观风貌保护、乡村生产方式、生活方式体验等方式，将挖掘到的乡村文化融入乡村景观中去全面体现。

二、传统文化元素在乡村景观中的应用

乡村振兴建设中要注意优化和提升乡村景观，乡村景观与特定的地理环境相适应，并且不断发展，形成具有地域特色的人文景观。在具体的实践中，可以提取出农村当地具有代表性的传统文化元素，将这些能够体现农村文化韵味的元素运用到乡村的道路铺装和景观小品当中，并且注意与周边的环境和建筑相融合。比如，从农村地区的传统农耕文化中提取优秀的文化元素，制作成景观雕塑，运用到乡村中的石井、牌坊、水巷、小桥、古戏台、古庙等典型的村落小品中，这些都能够给农民留下宝贵记忆；还可以将传统农业工具用于作品展示，充分发挥其文化价值和观赏价值，将原本实用价值转变为艺术价值，体现其观赏功能。当然，在乡村景观的设计中，同样可以为当地的文化名人建造雕塑小品，将其展现在村庄中，在缅怀先人的同时也传承了历史，更改善了乡村的人居环境。

第十章

汇聚多种力量，促进乡村文化振兴

　　乡村文化振兴是一个系统的工程，需要强化多方主体力量共同参与，依据"产业兴旺、生态宜居、乡风文明、治理有效、生活富裕"的乡村振兴战略总要求，深入推进"五位一体"建设；同时，凝聚乡村振兴的强大精神力量，共同构建乡村文化振兴大格局。

第一节　汇聚全社会主体力量共同参与

乡村文化振兴需要坚持"政府主导、农民主体"的原则，充分发挥新乡贤的示范带动、驻村干部以及志愿者的帮扶以及村委的引领作用，把这些力量充分动员起来，凝聚起乡村文化振兴建设的合力。

一、政府是乡村文化振兴建设的主导者

政府角色定位要精准，政府是乡村文化振兴的掌舵者，而非划桨者。政府负责乡村文化振兴大方向、大规划、大格局。政府通过顶层设计，合理布局，制定符合当地的乡村文化产业发展的长远规划，采取各种有效措施，创造文化发展的有利条件，吸引广大农民回流，立足当地实际，帮助广大农民树立起发展文化产业的信心，更好地维护农民的文化权益。政府要根据当地的实情制定优惠的政策，在乡村文化发展的投融资、税收、土地征用、场地使用、信息提供等方面给予支持。政府要做好基础设施配套建设，搭建平台，按照"四有"标准，加强经费支持与配套设施建设。此外，政府应负责基层文化队伍培训，培养一支懂文艺、爱农村、爱农民、专兼职相结合的农村文化工作队伍，为乡村文化振兴提供人力保障。

二、农民是乡村文化振兴建设的主体

农民是乡村文化振兴的建设主体和中坚力量，是乡村文化传承、创新、发展的真正动力，他们不仅是文化振兴的主体，而且是文化振兴的受益者。实现乡村文化振兴，需要充分激发农民内在的精神文化需求，发挥农民的内生动力作用。

第一，培育乡村文化能人。首先，要挖掘乡土文化人才。结合少数民族特色，对乡村非物质文化遗产传承人、农业技术能手、创业成功人士等乡土文化人才情况进行全面摸底与挖掘，及时建档造册，形成人才库。其次，要强化培训，提升乡土文化能人水平。成立乡村文化社团，通过远程教育平台、县乡党

校、农业技术推广等渠道，整合线上线下多种资源，实施多元化、差异化、订单式培训，全面提升乡土文化人才的职业技能和创新能力。重点发掘与培育特色种养殖、传统产业生产加工，以及民俗文化、民间技艺、非物质文化遗产传承等方面的本土人才，用好乡土文化人才队伍，以制度激励他们通过建立工作室、开办作品展，通过本土文化进校园、进社区等形式宣传农村优秀传统文化，并培养传承人。最后，搭建平台，加强交流，帮扶支持乡村文化能人发展。可以通过传统节日、村镇文化节等活动平台展示乡村文化能人技能，并通过竞赛等形式支持培养新的文化能人，最终起到示范与带动作用。

第二，引导多主体参与乡村文化建设。随着青壮年农民工外出务工步伐的加快，农村"空心化"程度的进一步加深，农村妇女不仅是农村的"半边天"，而且无论是在数量上还是责任上都逐渐成为家庭建设和农村生产、农村文化振兴的主力军。调动广大在村妇女的文化建设积极性，将有助于乡村文化的振兴。

三、新乡贤是乡村文化振兴的示范带动主体

乡村是我国传统文明的发源地，乡村文化是中华民族得以繁衍和发展的精神寄托和智慧结晶，是中华民族传统文化的根脉，也是乡亲乡贤共同的根脉。首先，以"乡愁"为纽带，加强与乡贤的联系，建立重大节日邀请乡贤回乡的联络长效机制。通过上门请贤、制度引贤、感情留贤，加强乡贤与乡村的联络网建设。进一步吸引"新乡贤"反哺农村，鼓励大学生村官、优秀基层干部、成功企业家、退休返乡干部、教师、工人、返乡创业农民工及热心乡村公益事业的社会人士投身乡村建设。比如，鼓励大学生以文化支农，可以增设青年大学生村文化干部岗位，以便青年大学生更好地开展、协调农村文化活动。其次，搭建乡贤议事平台，拓宽乡贤参与乡村治理的渠道，鼓励乡贤以参谋、顾问等身份参与乡村文化振兴工作，畅通乡贤与乡村信息的互联互通，激发乡贤参与乡村振兴和乡村建设的内驱动力。以特长分类，充分发挥各类人才在产业发展、乡村治理和文化教化等方面的作用。发挥企业家在产业发展中的资金带动作用，发挥退休干部在乡村治理中的示范作用，发挥教师、大学生等知识分子在文化教化中的引领作用。最后，树立"乡贤文化"新风尚。大力挖掘乡贤精神，弘扬乡贤文化，发挥乡贤引领作用。通过编撰地方志、书写乡贤故事、宣传良好

家训家规等，做好乡贤典型事迹的宣传工作，使其在农村中起到示范引领作用，促进广大农民向优秀的人员学习，形成良好的文化风尚。

四、驻村干部、志愿者是乡村文化振兴的重要帮扶主体

党政机关干部牵头驻村指导，为乡村文化建设提供了较好的帮扶。一方面，驻村干部年轻，有知识、有文化、有思想、有点子；另一方面，驻村干部有原单位丰富的资源支持，开展工作更得心应手。驻村干部在当好助手、发挥"传帮带"、树立农村基层"两委"权威、协助处理落实重点工作方面发挥了较好的作用，在"美丽乡村""精准扶贫"重大攻坚任务中发挥了较好的作用。因此，要继续发挥党政机关干部牵头驻村指导的重要作用，引导他们在乡村文化振兴中发挥更大的指导、示范作用。

志愿者帮扶不失为乡村文化振兴的一条新路径、新办法。志愿者服务工作在我国得到了规范管理和快速发展，志愿者在动员、牵头、解决重大问题方面发挥了积极作用。而西部计划志愿者逐渐成为贫困地区脱贫攻坚的先锋队和基层志愿文明的宣传队，取得了较好的成绩。首先，建立结构合理的志愿服务组织网络。可以继续依托大学生志愿服务西部计划，通过打造"一县一品"志愿项目品牌、组织优秀西部计划典型开展宣讲等形式加强志愿者招募、培训、保障和管理工作，形成志愿服务对接的长效机制，发扬志愿服务精神。通过志愿者"传帮带"，发挥志愿者在乡村文化振兴中的重要作用。其次，搭建文化志愿服务宣传平台，通过积极宣传志愿服务理念，普及志愿服务知识，鼓励农民加入文化志愿服务队伍，不断充实文化队伍力量。最后，成立农村志愿者队伍。相对于城市丰富的志愿服务，农村志愿者队伍建设起步晚，目前还不完善。但是可以参照城市志愿服务模式，成立农村志愿服务协会，发挥志愿者的光和热，助力乡村文化振兴。

五、村委是乡村文化振兴的"头雁"主体

村支部书记的能力和水平直接决定着党在农村的执政水平、农村的经济社会发展及农村文化建设水平，影响着乡村文化振兴和乡风文明。要实施村支部

书记能力提升工程，培养造就一批讲政治、有本领、善管理、敢担当、守纪律的村支部书记，有利于推动农村道德建设，助推乡风文明。要探索建立统一的村支部书记能力素质综合考评体系，按照体系标准要求，实行村支部书记"准入制"，从源头上确保村支部书记的能力素质。高度重视村党组织书记队伍老化现象，切实抓好后备队伍建设。大力实施"递进培养"工程，通过组织筛选、群众推荐等形式，按照现任村支部书记1∶2的比例，尽快建立一支有理想、有责任、能担当，德才兼备、数量充足、结构合理的村支部书记后备队伍；依托党校，在全区有条件的党校建立村党支部书记培训中心，培育实施乡村振兴战略、推动农村道德建设的新时代村支部书记，着力将中心打造为融科学研究、教育培训、服务咨询等功能为一体的综合平台，为村支书提供全链条、"一站式"服务。通过定期组织村支部书记赴先进地区学习文明村镇的建设经验，举办"优秀村支部书记"论坛等活动，强化先进典型示范教育作用；拓宽村支部书记培训师资来源，新培育一批专业性强的兼职教师，并吸纳部分优秀村支部书记代表、集体企业优秀管理人员加入；在全国文明村中建立一批村支部书记培训基地，建立农村支部书记联席会，依托村支部书记联席会，结对帮扶，结成"友好村""共建村"，形成乡村文化振兴、农村道德建设联合体，共同促进乡风文明。

第二节　"五位一体"推进乡村文化振兴

依据新时代"产业兴旺、生态宜居、乡风文明、治理有效、生活富裕"的乡村振兴战略总要求，坚持推进"五位一体"，努力实现乡村文化振兴。

一、以产业兴旺筑基乡村文化振兴

以产业兴旺筑基乡村文化振兴，包括发展特色乡村文化产业，建设农耕文化产业展示区，打造特色文化产业乡镇，打造特色文化产业乡村；打造农村特色文化产业群，实施乡村传统工艺振兴计划，开发传统节日文化用品和项目，推动乡村文化、旅游与其他产业深度融合发展等。

产业兴旺是摆脱"内卷化"和"过密化"的需要。在现代化进程中，在市场经济冲击下，中国乡土社会发生了激烈变化，其中一个重要变化是"内卷化"和"过密化"。所谓"内卷化"，就是小农生产的内卷化，表现为小农家庭对小农生产的依赖和小农生产的边际收益的滞胀。小农家庭的生产经营状态受传统乡村社会的制约，受乡土文化的制约，难以取得生产的大发展；所谓"过密化"，就是在人地关系紧张的情况下，小农家庭生产出现了劳动力日均边际收入水平递减的现象，出现了农村"有增长无发展"的现象，也就是小农经济总量在缓慢增长，但乡村社会没有得到真正发展。

推动乡村产业兴旺，可以从以下几个方面发力：

一是推动农民身份转型。实现产业兴旺，必须推动农民身份的转型，使他们成为现代意义上的产业工人，才能更好推动产业发展。有研究发现，如果农民没有诚信意识、规矩意识、市场意识、时间意识，没有契约精神、进取精神、科学精神等现代人所需的素质，农村产业兴旺是不可能实现的。

二是推进特色小镇建设。实现产业兴旺，必须诉诸特色小镇的建设。特色小镇是"产镇同构"的小镇，是生产、生活、文化共同体，是现代化新型农民的生活共同体和文化共同体。通过特色小镇建设，解决"内卷化"和"过密化"问题，解决农民工造成的"流动的村庄"和"空巢社会"问题。

产业兴旺，不是一种产业兴旺就叫产业兴旺，一、二、三产业融合发展、共同兴旺才叫产业兴旺；生态宜居，不是指外地人、城里人的宜居，而是指当地人的"原住民"的宜居，是"三生"的宜居，即生产发展、生态良好、生活富裕的宜居，是教育兴、文脉续、村史传、志书修、记忆承、旧弊除、规约有、文化兴的前提下的宜居。

因此，建设特色小镇是不二选择。只有建设特色小镇，才能更好地构建以产业兴旺筑基乡风文明，以生态宜居承载乡风文明，以治理有效助力乡风文明，以生活富裕影响乡风文明的"五位一体"，协同加强农村道德建设，促进乡风文明的大格局。其一，以特色产业为核心，促进"产镇融合"发展。根据各地特殊自然禀赋和资源环境优势，按照政企协作、市场主导的方式，构建开放包容的营商环境，完善投融资机制，促进特色产业发展，聚集人才要素，增加居民收入，以工促农、以产促镇、以镇带产，推动产业与乡镇融合发展，夯实乡风文明建设的经济基础。其二，以独特优势为关键，促进"四化融合"发展，推动特色小镇一、二、三产业深度融合发展，打造宜业宜居宜游小镇，聚集人才要素，夯实乡风文明建设的人才基础。其三，以特色文化为灵魂，促进"人文融合"发展。利用特色小镇连接城乡发展的地理优势，传递城市文明，丰富居民精神生活；利用特色小镇浓厚的乡土气息和深厚的传统人文特色，开展"文化农家·文明小镇"系列活动，弘扬传统文化和革命文化，培育文化型农民家庭，促进文化与居民融合发展，夯实乡风文明建设的思想基础。

三是发展壮大村级集体经济，为乡村文化振兴提供坚实的经济基础。全面深化村级集体经济结对帮扶机制。各地市对口帮扶的各级机关、企事业单位要把发展壮大村级集体经济作为互联共建的重要内容，把扶持重点从解决基础设施建设转到解决集体经济增收上来。派驻专门工作人员，在资金、信息、技术、项目等方面对如何发展壮大村级集体经济给予支持和帮扶，并协助村委用好管好扶贫帮扶资金，加强各类帮扶资金与各类扶持资金的统筹使用，做到经济不达标，帮扶不脱钩，以求取得实效。

二、以生态宜居承载乡村文化振兴

第一，全面改善农村居住条件，全面改善农村基础设施，调动农民建设美丽家乡的积极性。第二，注重个人品德培育，确立农民发展主体地位，号召农民用自己的双手建设生态宜居家园。第三，注重职业道德建设，以职业能力提升工程，推动农民参与生态宜居建设能力的提升，启动生态宜居建设技能培训，提高农民开展生态旅游、文化旅游、产业旅游的能力，提高农民打造田园综合体、建设农场的能力。第四，注重生态道德建设，提高农民的生态道德意识、生态道德实践能力，以生态建设能力提升工程推动生态宜居建设。第五，注重公共道德建设，加大力度建设农民讲习所、农村书院、农村运动场、农村娱乐场、青少年馆、乡村生态博物馆等文化设施，通过讲习所，书院博物馆等，开展讲课、读书，讨论宣传等常态化活动，培养农民在生态宜居建设中的团结协作精神和生态管理能力。第六，实施"生态厕所革命"，设立"生态厕所革命"专项资金，明确农村户厕改造标准，提高厕所设计标准，利用新技术，建设生态厕所。第七，实施"生态＋文化"工程，全面透析当地历史文化、传统文化、民族民俗文化，提炼有代表性的生态文化，构建生态文化资源标识系统。依托当地生态文化标识，建立生态文化园，发展生态观光农业：依托当地生态文化标识，创立特色生态文化旅游品牌，举办生态文化节、生态文化论坛，提升当地文化软实力；依托当地生态文化标识，重点开发一批具有当地特色、民俗文化的生态文化商品；依托当地生态文化标识，建立特色民宿，融入文化元素，让建筑会"说话"。第八，实施"生态＋产业"工程。优化提升农村传统产业，提高生态化水平；推动产业融合，提高农业产品附加值；拓展功能融合，挖掘农业的多功能领域，实现绿色有机农产品、农耕文化体验、生态宜居与休闲养生等多业态发展。

三、以治理有效助力乡村文化振兴

大力推进农村自治、法治、德治协同共治体系建设。"三治"协同是基于当前乡村社会已经是一个流动的社会、空巢的社会，也是一个后税费的社会，是基于现代化过程中乡村结构的分化和多样化的考量，更是基于国家治理体系现代化推动乡村社会有了更多公共权力和公共资源的考量。只有政府、市场、乡村共同发力，自治、法治、德治协同推进，才能更好地推动农村生态道德建设、农村家庭美德建设、农民个人品德建设、农村社会公德建设、农民网络道德建设。

第一，自治与德治协同。当前，农村已经不再是以往的生产单位，而是一个生活单位，是一个文化共同体。一是自治向生活领域倾斜。与德治协同，在乡村生活事务、生活方式、行为方式、美丽家园建设中更好地发挥自治的作用。二是自治向自我监督倾斜。与德治协同，在农民自我教育、自我管理、自我监督中更好地发挥自治的作用。三是自治向公共服务倾斜。与德治协同，改变以往重选举轻服务的自治管理模式，在农民的公共服务、生活服务上更好地发挥自治的作用。四是自治向内生发展倾斜。与德治协同，激发农民的内生发展动力，推动乡村参与式发展，最终实现农民的共享发展。五是探索"基层党建＋集体经济＋乡村治理"的治理模式。

第二，自治与法治协同。一是通过制度安排，发挥政府力量，激活乡村治理，激活乡村市场，推动乡村产业发展，为乡村提供更多的公共物品和社会保障，让乡村居民有尊严地生活。二是通过制度安排，使乡村土地有效流转，使农民转变为新型农民，发展新型农业产业，让乡村经济既有增长又有发展。三是通过制度安排，尽快实现农村治贫脱贫目标，特别是解决精神贫困难题，让乡村获得可持续发展。四是加大农村普法力度，提升乡村干部依法治村水平，增强农民法治意识。五是继续建设平安乡村，依法深入开展扫黑除恶专项斗争，依法加大对农村非法宗教渗透的打击力度，依法加大对境外渗透活动的打击力度。六是推行村级小微权力清单制度，加大基层小微权力腐败惩处力度，推行村级事务阳光工程。

第三，法治与德治协同。一是通过制度安排，发挥文化的化人功能，激活乡村发展内生动力，推动乡村内源式发展；加大乡村教育投入力度，恢复"村小校"，发挥乡村小学文化堡垒和文化纽带作用。二是发挥市场的作用，引导农民诚信生产、安全生产、文明生产，引导农民树立规则意识、市场意识和契约精神，形成科学、健康、积极、文明的生活方式，养成文明理性的社会习俗。三是发挥新乡贤在乡村治理中的积极作用。四是用现代科技手段推动乡村道德"信息科技"渠道的建立。乡村"熟人社会"中担心的是信息透明会给家庭、宗族带来巨大冲击。通过乡规民约和已经建设的"村村通"乡村广播循环播放，在"地上＋空中"曝光失信行为的基础上，法院、国土、不动产、教育等部门，对失信村民审批宅基地、进城购房、子女高收费入学等方面实施严厉规制，这样才能点中乡村道德建设的"制度惩戒要穴"。五是深度挖掘"熟人社会"蕴藏的道德规范和法治方式，在社会主义法制道德规范下，重建乡村矛盾解决方式。从老党员、老教师、老族长中选聘"乡贤"，他们德高望重、遵德守礼、公道正派，又兼具法律素养。"司法乡贤"重点调解家庭邻里、土地住宅等纠纷，在平衡利益冲突、修复社会关系方面发挥了独特作用。在重点乡村、繁华集市等地建设道德楷模表彰亭。对乡村道德楷模进行彰显，并将其与法律常识、公开审理、曝光"老赖"放在同一板块。建立乡村区域信用"黄、红、黑"榜，榜首全部悬挂失信者大幅彩色高清照片。这些失信者的照片不仅粘贴在申明亭，还精准粘贴在其居住地、从业地、楼道口、村委公开栏等处。

第四，加强新时代农村生态道德建设。一是牢固树立"两山"发展理念。把习近平生态文明思想与农村的发展实际结合起来，把绿色发展理念贯彻乡村振兴战略实施的全过程，让农民在乡村振兴战略的实施过程中，牢固树立"绿水青山就是金山银山"的发展理念。二是把生态道德与生态经济融合在一起。通过建立现代生态经济产业示范村，发展绿色、健康、科学、人文的现代新农业，在发展生态经济过程中补齐农民生态道德短板，加强农民绿色生产、健康生产、保护环境的生态道德建设。三是丰富生态道德建设载体。通过建立特色小镇、田园综合体、森林人家、康养基地、乡村民宿、乡村庄园、创意农业、文化创意农园、休闲农场、休闲牧场、市民农园、乡村公园、乡村博物馆、艺术村等，不断丰富生态道德建设载体。四是加大与生态文明相关的纪念日的宣传力度。牢固树立"两山"发展理念，发展农村生态经济，丰富生态道德建设载体，让农民确实感受到绿色发展能使农村像"童话般美丽"，农民在农村能"诗意般地生活"，让生态道德成为农民的生活方式。

第五，加强新时代农村家庭美德建设。注重家风建设。对传统优秀家风进行现代性阐释、转换和发展，挖掘身边良好家风故事，并进行宣传教育。依托中小学教育阵地，把良好家风请进校园、请上讲台、传播回家。通过以学生为连接点，把良好家风从家传出，又带回家；通过党员带头、新乡贤示范等形式，建立美好模范家庭，开展美好家庭的征集、评比活动，每年评选一批模范之家、勤俭之家、和睦之家、创业之家等美好家庭。把美好家庭登上榜，把美好家风画上报，把美好家训刻上墙，通过好家风弘扬家庭美德。

第六，加强新时代农村农民职业道德建设。注重加强农民守信用、重敬业、求创新的职业道德建设。注重新型农民职业道德教育，强化农民信用教育，政府应建立农民个人信用档案，建立诚信评价体系，修订新乡规、新民约，建立乡村约束机制，对失信的农民进行重点教育，并曝光、问责。

第七，加强新时代农民个人品德建设。一是强化知耻教育。深入挖掘"耻感文化"资源，对其进行现代化转换、创新性发展，通过社会主义荣辱观对农民进行教育。二是发挥榜样作用。通过感动人物、寻找身边好人好事等评选活动对农民进行知耻教育。三是注重教化。发挥光荣典故的教化作用，把光荣典故汇编成册、绘画成报、创作成曲、改编成剧，进行多方位的宣传。在中小学教育中，知耻文化要进校园、进教材、上讲台，从小培养知耻文化。在此基础上，加大诚信意识、规矩意识、市场意识、时间意识的培养，加强契约精神、进取精神、科学精神等现代人所需的素质培养。

第八，加强新时代农村社会公德建设。一是强化规则教育。没有规矩不成方圆。二是强化法治教有。提高农民法治意识，培养新型农民法治思维。由基层组织新乡贤带头、农民参与，建立法治学习宣传小组，让农民在参与中学习，在学习中行动。三是注重乡规民约。挖掘传统礼治文化资源，制定新乡规民约，培育农民讲文明、守规则、讲秩序、讲法治等社会公德。

第九，加强新时代农村网络道德建设。强化网络道德建设，引导农民诚信上网、文明上网、自律上网、依法上网、依法用网，营造风清气正的网络生态。引导农民学会利用互联网，使其成为"互联网+"助推乡风文明的主力军。

四、以科技发展助推乡村文化建设

充分利用和发挥"互联网+"在推动农村道德建设和乡风文明建设中的宣传、引导和推动作用，实施"互联网+N"工程，将"互联网+"应用到农村"五风"（家风、民风、乡风、党风、政风)、"五德"（个人品德、家庭美德、社会公德、职业道德、生态道德)、"三治"（自治、法治、德治）等方面，依托政府部门、互联网公司和高校研究机构等力量，实施"互联网+'五风'"工程、"互联网+'六德'"工程、"互联网+'三治'"工程，利用互联网的快速、便捷等传播特点，打造"互联网+N"平台，对传统和现代的优良"五风""五德"及"三治"经验进行宣传和推广，实现农村服务范围和服务对象的全覆盖，营造一种积极向上的氛围、社会和谐发展的环境，积极传播正能量，引导农民群众形成良好的农村道德行为和习惯。

同时，通过实施"互联网+N"工程，构建"互联网+N"平台，为农民群众参与农村道德建设、促进乡风文明提供新的途径和渠道，进一步丰富农民群众的精神文化生活。实行"科技+1"农村文化品牌模式，实现"一村一品"文化品牌全覆盖。所谓"科技+1"，是指依托科技力量打造农村文化品牌，实现"一村一品"。"一村一品"，是指每个乡村都有一个文化品牌。发挥科技对农村文化品牌建设的推动作用，将新型科技与农村当地的特色文化资源和产品结合起来，用新型科技改造、宣传和推广当地的文化资源和产品，使其成为各村的特色文化产品优势，从而打造一村一特色文化，尤其是各地农村要充分利用各种扶贫和支农力量，分析和整合自身的特色文化品牌。

此外，各地农村要充分利用各种支农力量，分析和整合自身的特色文化资源，选定一种最具代表性的特色文化资源进行挖掘，利用新型科技力量和社会支持力量对特色文化资源进行改造和整合，并借助各种大型活动和网络媒体对本村特色文化产品进行宣传和推广，积极打造一村一品文化品牌。

实施"科技＋高校"建设模式。充分利用高校的组织力量和科学研究力量，实施"科技＋高校"建设模式，助推农村道德建设和乡风文明建设。一方面，发挥高校各学院各专业各班级的党支部力量，以若干名党支部小组对口支援一个农村的道德建设和乡风文明建设，鼓励各党支部小组借助新型科学技术，辅以丰富多样的文化活动参与农村的乡风文明建设，同时设立专项活动经费，鼓励各党支部小组积极助推农村的乡风文明建设，支持各党支部小组以社会实践和教育活动等形式参与对口支援农村的乡风文明建设；另一方面，发挥高校的科研力量优势，以学院或研究机构为单位，对口支援和推动以村为单位的农村道德和乡风文明实践基地建设，实施"科技＋高校"建设模式，实现科技、高校与农村道德建设和乡风文明建设的全方位结合，为农村道德建设和乡风文明建设注入新鲜血液，共同助推农村道德建设和乡风文明建设。

五、强化农村基层党组织领导核心地位

扎实推进抓党建促乡村振兴，突出党建政治引领力与凝聚力功能，增强党组织统筹协调各方、科学治理、推动农村经济建设的能力与管理乡村事务的权威，充分发挥农村基层党组织战斗堡垒作用。健全农村基层党组织体系，创新组织形式，持续整顿软弱涣散党组织，提升综合治理水平。实施农村带头人队伍提升工程，选优配强村党组织书记，向贫困村选派第一书记，加大农村党员培训力度和农村青年党员发展力度，保障基层党组织建设经费落实到位。健全从优秀村党组织书记中选拔干部、招录公务员等激励机制，依法加大对侵权行为、腐败问题的惩治力度，严防侵害农民的不正之风。

第三节　凝聚乡村振兴的强大精神力量

2021年7月1日，习近平总书记在庆祝中国共产党成立100周年大会上向全世界宣布，"在中华大地上全面建成了小康社会，历史性地解决了绝对贫困问题"①，我们正在向着全面建成社会主义现代化强国的目标迈进。同时，对伟大建党精神作出了深刻阐释，思想精辟、内涵丰富、意义重大。在党的百年奋斗历程中，"三农"问题始终贯穿革命、建设、改革的各个时期。在寻求解决"三农"问题过程中，党领导我们锻造了南泥湾精神、红旗渠精神、北大荒精神、改革开放精神、塞罕坝精神、脱贫攻坚精神、"三牛"精神等，使我们实现了从饥饿到温饱、再到小康，直至全面建成小康社会的历史性跨越，这些精神是伟大建党精神谱系的重要组成部分。当前，"三农"工作重心已经从脱贫攻坚转向全面推进乡村振兴，实施乡村振兴战略的深度、广度、难度都不亚于脱贫攻坚。我们必须弘扬伟大建党精神，更好地鼓舞激励党员干部弘扬光荣传统，增强"四个意识"，坚定"四个自信"，做到"两个维护"，为新时代全面推进乡村振兴战略注入强大动能，为全面实现农业农村现代化的宏伟目标凝聚起奋勇前进的强大精神力量。

一、让"脱贫攻坚精神"成为乡村振兴的源头活水

"上下同心、尽锐出战、精准务实、开拓创新、攻坚克难、不负人民"的脱贫攻坚精神，是党领导全国人民在开展脱贫攻坚伟大斗争中锻造形成的，是中国共产党性质宗旨、中国人民意志品质、中华民族精神的生动写照，集中体现了爱国主义、集体主义、社会主义思想，充分彰显了中国精神、中国价值和中国力量，赓续传承了伟大民族精神和时代精神。正因为有这一精神，党带领全国人民打赢了脱贫攻坚战，创造了彪炳史册的人间奇迹。脱贫攻坚取得全面胜利后，要全面推进乡村振兴。实施乡村振兴贯穿于全面建设社会主义现代化

---

① 新华通讯社. 习近平总书记在庆祝中国共产党成立100周年大会上重要讲话精神述评[M]. 北京：新华出版社，2021. 11.

国家全过程，不能急于一时，也不能寄于一事，必须有强大的精神支撑才能走得久远。保障国家粮食安全、实施乡村建设行动、发展壮大乡村产业、实现共同富裕等每一件事都需要长远谋划、认真落实。

二、让"红旗渠精神"等精神在乡村振兴中永葆活力

"自力更生、艰苦创业、团结协作、无私奉献"的红旗渠精神，是党带领勤劳勇敢的 30 万林州人民修建红旗渠过程中形成的；"自力更生、艰苦奋斗"的南泥湾精神，是党带领抗日军民在南泥湾大生产运动中创造的；"忠于使命、艰苦奋斗、科学求实、绿色发展"的塞罕坝精神，是党领导建设者们在"黄沙遮天日，飞鸟无栖树"的荒漠沙地上创造的，这些都是中华民族"愚公移山"精神的延续，也是萃取探索自然规律、科学发展的实践精华。实现"农民富"不是"等靠要"就能实现的；实现"农业强"不是以过度掠夺资源为代价的；实现"农村美"不是敲锣打鼓就能实现的，奋斗是实现幸福的必由之路。只有通过自力更生艰苦奋斗，才能缩小我们和发达国家的差距，才能解决人民日益增长的美好生活需要和不平衡不充分的发展之间的矛盾；只有秉持绿色可持续的发展理念，才能保持乡村的绿水青山，进而转化为金山银山。

实现伟大的梦想，离不开筚路蓝缕、胼手胝足的艰苦奋斗。必须发扬红旗渠精神等，主动接过先辈艰苦奋斗的接力棒，传承自力更生、艰苦奋斗的传统美德，坚守团结协作、无私奉献的品格，永葆不畏艰险、锐意进取的奋斗韧劲。实现乡村生态、文化等多元价值，必须牢固树立"绿水青山就是金山银山"的理念，坚定走可持续发展之路，在保护好生态前提下，加强农村生态文明建设；必须遵循乡村自身发展规律，保留乡村风貌，充分体现农村特点，留得住青山绿水，记得住乡愁。只有"一件事情接着一件事情办，一年接着一年干"，才能让广大农民群众在乡村振兴中有更多获得感、幸福感。

三、让"改革开放精神"成为深化农村改革重要支撑

"开拓创新、勇于担当、开放包容、兼容并蓄"的改革开放精神，是中国共产党在改革开放实践、探索和发展中国特色社会主义事业的历史时期中所形

成的精神品格。中国改革发轫于农村，农村改革是党领导下的我国农民的伟大创造，改革的先锋具有开拓创新、勇于担当的精神品格，开放包容、兼容并蓄也是农村改革应有之义。党领导农村改革从安徽省凤阳县小岗村开始，借鉴人类文明的优秀成果，向世界、向工业、向城市学习先进理念、技术和管理，经过40多年的发展，农民生产积极性得到极大地提高，农村经济发展实现了历史性跨越，农村居民收入水平持续提高，粮食和重要农产品产量不断跃上新台阶，绝对贫困彻底消除，农村面貌发生了翻天覆地的变化。在经济全球化背景下，中国农业开放立足于面向国内外两种资源和两种市场，在国际分工中不断克服资源短缺的问题、不断融入世界贸易体系、不断拓展对外开放的广度和深度，优化资源配置，提升农业的国际竞争力，为全球农业农村发展贡献了中国经验和智慧。

习近平总书记指出，40年前，我们通过农村改革拉开了改革开放的大幕，40年后的今天，我们应该通过振兴乡村，开启城乡融合发展和现代化建设新局面。改革开放再出发，乡村振兴在路上。改革开放是乡村振兴的重要法宝，要利用改革开放精神，解放思想，逢山开路、遇河架桥，破除体制机制弊端，突破利益固化藩篱，坚持和完善农村基本经营制度，坚持农村土地集体所有，坚持家庭经营基础性地位，坚持稳定土地承包关系，尊重基层和群众创造，在重要领域和关键环节取得突破，推动农村发展不断向纵深推进，让农村资源要素活化起来，让广大农民积极性和创造性迸发出来，让全社会支农、助农、兴农力量汇聚起来，为实施乡村振兴战略、加快推进农业农村现代化提供强大动力。要研究并参与国际规则的制订，完善农业支持保护制度。

四、让"北大荒精神"等精神成为乡村振兴行动自觉

"艰苦奋斗、勇于开拓、顾全大局、无私奉献"的北大荒精神，是黑龙江垦区广大人民群众在60多年的开发建设中，用青春与汗水、鲜血、生命培育和锤炼出来的，是英雄的北大荒人的政治觉悟、精神境界、道德情操、意志品格、行为规范和工作作风的集中体现。北大荒人有着崇高的责任感和使命感，他们"急国之急、想国之想"，不讲条件不讲代价，用自己的生命和汗水证实了对祖

国的赤胆忠心。经过三代北大荒人的艰苦奋斗，黑龙江垦区已经发展成为我国耕地规模最大、现代化程度最高、综合生产能力最强的国家重要商品粮基地和粮食战略后备基地。"执着奋斗、求实创新、情系三农、服务人民"的祁阳站精神，是新时期农业科技工作者在开展农业科技研究中创造的宝贵精神财富，不仅传承了我们党和民族光荣的历史传统，同时也具有鲜明的时代特征。农业科技工作者以祁阳站为家，和广大农民想在一起、干在一起，不畏艰辛、执着奋斗、实践探索，攻破了一系列生产实际和重大科学问题。

全面推进乡村振兴，实施乡村建设行动需要顾全大局，把北大荒精神等变成行为的自觉，顾全大局，把公共基础设施建设的重点放在农村，在推进城乡基本公共服务均等化上持续发力，加强普惠性、兜底性、基础性民生建设，推动人才、土地、资本等要素在城乡间双向流动。落实乡村振兴的各项任务，需要以人民为中心的觉悟，需要持之以恒的决心，需要顽强拼搏的斗志，并将其转化为乡村振兴的自觉行动，还需要各类要素的整合，需要强大科技的支撑等。实施"藏粮于地、藏粮于技"战略，需要广大科技人员增强创新意识、奋斗意识和奉献意识，营造积极进取、扎实工作、争创一流的良好氛围，为乡村振兴提供强大的科技支撑。

五、让"三牛精神"在乡村振兴中持续发力

习近平总书记强调要发扬"为民服务孺子牛，创新发展拓荒牛，艰苦奋斗老黄牛"的"三牛精神"，在全面建设社会主义现代化国家新征程上奋勇前进。"孺子牛""拓荒牛""老黄牛"都是家喻户晓的美好形象，蕴含着深厚的文化意象，拥有中国人民自强不息、砥砺奋进的精神密码。习近平总书记指出，各地区、各部门要充分认识实施乡村振兴战略的重大意义，把实施乡村振兴战略摆在优先位置，坚持五级书记抓乡村振兴，让乡村振兴成为全党全社会的共同行动。各级领导干部以"功成不必在我，功成必定有我"的担当投入到全面推进乡村振兴战略中，乡村振兴的各项工作开局、起步良好，有一些地方取得了阶段性成果，全社会积极推进乡村振兴战略的局面已经形成。

习近平总书记指出："实施乡村振兴战略是关系全面建设社会主义现代化国

家的全局性、历史性任务。要有足够的历史耐心，把可能出现的各种问题想在前面，切忌贪大求快、刮风搞运动，防止走弯路、翻烧饼。"这就需要强大的精神力量作支撑。站在"十四五"新起点上，就要做为民服务的"孺子牛"，默默无闻、脚踏实地、任劳任怨，体现出强烈的为民初心和使命担当；要做创新发展的"拓荒牛"，强化创新引领，把先进的思路融入推动乡村振兴事业中，探索独具特色的发展模式，发掘乡村功能价值，全面推进乡村新产业、新业态、新势能；要做艰苦奋斗的"老黄牛"，传承勤俭节约、白手起家的传统美德，坚守不怕牺牲、甘于奉献的无私品格，永葆不畏艰险、锐意进取的奋斗韧劲。要用"三牛精神"赋能乡村振兴的各项事业，激发全面推进乡村振兴的潜能，加快农业农村现代化步伐，努力绘就乡村振兴的壮美画卷。

党在不同历史时期产生的伟大精神，内涵还将不断拓展，其本质内容和精神实质是相通的、统一的、一致的。乡村是充满希望的田野，全面推进乡村振兴必须凝聚精气神，保持高昂向上的斗志和坚定不移的决心，撸起袖子加油干，唯有如此，才能赢得乡村振兴的伟大胜利。

参考文献

[1] 本书编写组.《中共中央关于深化文化体制改革推动社会主义文化大发展大繁荣若干重大问题的决定》辅导读本 [M]. 北京：人民出版社，2011. 10.

[2] 中共中央国务院. 中共中央国务院关于实施乡村振兴战略的意见 [M]. 北京：人民出版社，2018. 02.

[3] 李朝阳，王东. 新时代背景下乡村文化振兴与环境设计对策研究 [M]. 北京：中国建筑工业出版社，2021. 03.

[4] 刘社瑞. 乡村振兴战略中新乡贤文化建构研究 [M]. 长沙：湖南大学出版社，2020. 09.

[5] 叶培红. 文化乡村 [M]. 石家庄：河北人民出版社，2019. 04.

[6] 李秀金. 乡村振兴战略背景下的乡村文化治理研究 [M]. 北京：中国社会出版社，2022. 11.

[7] 顾保国，林岩. 文化振兴夯实乡村振兴的精神基础 [M]. 郑州：中原农民出版社，2019. 10.

[8] 王娜. 乡村振兴战略中传统文化建构研究 [M]. 北京：中国纺织出版社，2022. 08.

[9] 龙文军，张灿强，张莹，郭金秀. 乡村文化振兴的路径探索 [M]. 北京：中国农业出版社，2022. 01.

[10] 王声跃，王龚编著. 乡村地理学 [M]. 昆明：云南大学出版社，2015. 03.

[11] 韩鹏云. 乡村文化振兴的实践样态与发展导向 [J]. 南京林业大学学报（人文社会科学版），2022，(02)：61-71.

[12] 马子淇. 新时代乡村文化振兴的实践路径 [J]. 广告大观，2022，(35)：136-138.

[13] 张雯. 乡村文化振兴的实践路径思考——以镇江为例 [J]. 新农民, 2023, (12): 7-9.

[14] 余荣萍. 制度优势赋能乡村文化振兴的实践路径 [J]. 广告大观, 2022, (35): 139-141.

[16] 张梦龙. 新时代乡村文化振兴的实践路径研究 [J]. 村委主任, 2023, (03).

[17] 王超男. 新发展阶段我国乡村文化振兴的实践路径 [J]. 中文科技期刊数据库 (全文版) 社会科学, 2022, (12): 58-61.

[18] 强可鉴, 杨天宇. 乡村振兴的文化之路 [J]. 新农民, 2022, (34): 9-11.

[19] 李俊民. 乡村振兴文化先行 [J]. 中国民族博览, 2021, (04).

[20] 吴春金. 新时代乡村文化振兴的现实困境与破解路径 [J]. 辽宁农业职业技术学院学报, 2022, (02): 52-55.

[21] 徐海辰. 新时代中国乡村文化振兴问题与对策研究 [D]. 武汉: 武汉大学, 2022.

[22] 张雨旸. 习近平文化观视阈下我国乡村文化振兴研究 [D]. 安庆: 安庆师范大学, 2022.

[23] 李平. 新时代乡村文化振兴问题及对策研究 [D]. 青岛: 青岛理工大学, 2019.

[24] 李北平. 新时代乡村文化建设研究 [D]. 芜湖: 安徽工程大学, 2019.

[25] 王星. 新时代乡村文化振兴路径研究 [D]. 太原: 太原科技大学, 2019.

[26] 张如科. 乡村文化振兴中农民主体性提升研究 [D]. 杭州: 浙江农林大学, 2022.

[27] 龚灿. 国家现代化进程中的乡村文化振兴路径探究 [D]. 昆明: 云南大学, 2022..

[28] 李羿杉. 乡村文化振兴的实践路径研究 [D]. 兰州: 兰州财经大学, 2022.

[29] 高宇. 基层政府推动乡村文化振兴问题研究 [D]. 济南: 山东大学, 2021.

[30] 周莉. 中国特色社会主义乡村文化振兴的理论逻辑与实践路径研究 [D]. 绵阳: 西南科技大学, 2021.